TEXAS
WORDSEARCH

TEXAS
WORDSEARCH

OVER 100 GREAT PUZZLES TO CELEBRATE THE LONE STAR STATE

LYNN BURNS BUTLER

This edition published in 2022 by Arcturus Publishing Limited
26/27 Bickels Yard, 151–153 Bermondsey Street,
London SE1 3HA

Copyright © Arcturus Holdings Limited

All puzzles created by Puzzle Press Limited

AD010416US

Printed in the UK

INTRODUCTION

"You may all go to Hell and I will go to Texas."

Or so Davy Crocket famously said in 1835 after losing his final bid to serve in the United States Congress. He left Tennessee with some followers and arrived in Texas in January of 1836, swore an oath of allegiance to Texas, and took up arms against Mexico. A scant three months later he died defending the Alamo and passed into American legend.

Texas is a vast state encompassing over 261,000 thousand square miles. If Texas was a country, in size, it would rank as the 39th largest. Within her borders are found nearly every type of landscape and waterway from mountains to the ocean. She is a land of waterfalls, pine forests, dry deserts, deep canyons, lush valleys, fertile farmland, wide rivers, and crystal-clear creeks.

Texans are a proud and diverse people. In the United States there are Yankees, Southerners, and Pacific Northwesterners to mention a few but Texans are a breed apart. Nearly every nation in the world has settled in Texas at some point. Over 29 million people currently call Texas "home."

There is a rich heritage in Texas of excitement, dedication, resilience, and pride. The Lone Star flag flies at the same height as the flag of the United States because for nine years in the 19th century Texas was an independent sovereign nation recognized by the world. First explored by Spanish conquistadors and missionaries, then the French, Texas was ultimately controlled by Mexico, a country created over time by the blending of Spaniards and the native Americans who lived on this land for thousands of years before any European laid a claim to it.

Today Texas boasts a unique culture which is a rich blend of food, music, and customs brought by the diverse people who settled within its confines. World championship rodeo, cattle drives, sizzling fajitas, icy cold margaritas, and Texas oil gushers all form part of the Texas way of life and made us who we are today.

Get ready to embark on a feast for the mind and spirit as you learn about Texas; everything from its food, customs, natural features, history, politics, flora, and fauna, to its Hollywood connections, books and authors, musicians, and even Texas English.

In this book you will find all of these topics and more in 132 wordsearch puzzles. Your task is to find the hidden words running backward and forward, up and down, or diagonally in both directions. In some puzzles, only the underlined words need to be found. Embrace Texas culture as you solve these wordsearch puzzles and enjoy your visit to the Lone Star state.

Perhaps this says it best:

"I have said that Texas is a state of mind, but I think it is more than that. It is a mystique closely approximating a religion. And this is true to the extent that people either passionately love Texas or passionately hate it and, as in other religions, few people dare to inspect it for fear of losing their bearings in mystery or paradox."

John Steinbeck,
Travels with Charley: In Search of America

Big Names, Big State

```
Y E K M Y S N G D N M L C G F
N B C U A R O M G N I T S U A
I N U U N H S B U R L E S O N
U Y G R A A N S B O A A R M N
G K W N V R H O I E M Y D T I
E S F O A A O F B V I V B N N
S A E S R L J I O C A O B N A
N D L N R E N G P F W R O U Y
E E Y I O D N E G I E S T Y H
D W L K A J R Y E O U Z O S I
R I A C S O E S R G H E C H K
O T M I T R M O R J R P Y S A
B T A D F I H E N O T S U O H
R D R R T V F I B Z V R M C R
I U U H C S S N A G R O M Z O
```

◊ STEPHEN F. <u>AUSTIN</u>

◊ WILLIAM <u>BONHAM</u>

◊ GAIL <u>BORDEN</u>

◊ JIM <u>BOWIE</u>

◊ EDWARD <u>BURLESON</u>

◊ JOSE <u>DE LARA</u>

◊ GREEN <u>DE WITT</u>

◊ SUSANNA <u>DICKINSON</u>

◊ JAMES <u>FANNIN</u>

◊ MIRIAM <u>FERGUSON</u>

◊ JAMES <u>HOGG</u>

◊ SAM <u>HOUSTON</u>

◊ LYNDON B. <u>JOHNSON</u>

◊ ANSON <u>JONES</u>

◊ MIRABEAU <u>LAMAR</u>

◊ BEN <u>MILAM</u>

◊ EMILY <u>MORGAN</u>

◊ JOSE <u>NAVARRO</u>

◊ ROSS <u>PEROT</u>

◊ GEORGE <u>RUBY</u>

◊ THOMAS <u>RUSK</u>

◊ JUAN <u>SEGUIN</u>

◊ DEAF <u>SMITH</u>

◊ WILLIAM <u>TRAVIS</u>

Extraordinary El Paso

```
U T S S I L B T R O F U R O N
O Y I O D N A S U O H T N K C
M C S G H F R R J R W I C B E
T A E L U J A E E U V A E C A
C V G U E A N M T O A L M U H
H C E O H T I W D S L R H G O
A E D J F L A R R A E A E L L
M N N Y L F A W V O U W L Z O
I T A E K R I N Y H S K A U C
Z E R M Y Y I N I L Y E V O A
A N G N T Z I H P I E T I F U
L N O Y N A C L O O C R N U S
O I I O I R A Z I L E N A S T
M A R O O Z O S A P L E A A F
K L T G A W O F R A N K L I N
```

◊ ARDO VINO

◊ CENTENNIAL PLAZA

◊ CHAMIZAL

◊ CHIHUAHUA GARDEN

◊ COOL CANYON CITY

◊ EL PASO ZOO

◊ FORT BLISS

◊ FRANKLIN PARK

◊ HOLOCAUST CENTER

◊ HUECO TANKS SITE

◊ JUAREZ MEXICO

◊ LA VINA WINERY

◊ MAGOFFIN HOME

◊ MILLER HORSE FARM

◊ PLAZA THEATRE

◊ RIO GRANDE RIVER

◊ ROSE GARDENS

◊ SAN ELIZARIO

◊ THOUSAND STEPS

◊ TIGUA CULTURE

◊ WESTERN PLAYLAND

◊ WYLER AERIAL TRAM

◊ YSLETA MISSION

◊ ZIN VALLE VINEYARD

```
E T Y Y F N E A A A N D M S L
F L U D N F S T M A R Y S O S
E C P I G I G U S E L O F U P
T H L R N O T G N I L R A T U
A B N G A S C I D L A G A H M
N H K A A I A W I V N T M W I
R O A S V N R R A T Y B E D
A U B N G A A I E U O L E S W
C S I E T M R R E S N E R T E
N T L M A R L R R T I R T E S
I O E O W W I D O I O J O R T
O N N W M D J N R N C C N N E
C T E Y V F W R I H U E R O R
S D R A W D E T S T D Y E Z N
K C O B B U L R O L Y A B R V
```

◊ ABILENE CHRISTIAN

◊ AMARILLO

◊ AMBERTON

◊ AUSTIN

◊ BAYLOR

◊ BLINN

◊ INCARNATE WORD

◊ LUBBOCK

◊ MIDWESTERN

◊ NAVARRO COLLEGE

◊ PRAIRIE VIEW

◊ RICE

◊ SAM HOUSTON

◊ SAN ANGELO

◊ SAN ANTONIO

◊ SOUTHWESTERN

◊ ST EDWARDS

◊ ST MARYS

◊ TEXAS A AND M

◊ TEXAS WOMEN'S

◊ TRINITY

◊ TYLER JC

◊ UT ARLINGTON

◊ UTSA

Lakes

```
M T N A N A H C U B U E D D E
L I S H M N R U B Y A R N T L
L U T T M A T E H W I D T I L
E C O P E U R T C B N C R I I
L N L A B I R B Y A A A A N V
L O E L L O N D L D H N V O S
I T D E W G A H D E P Y I K I
V S O S Z L G O A T P O S A W
R G A T I I L N Y G H N M W E
E N L I H A B J J U E O U A L
M I M N L W J Z B D X N R T O
O V S E T T U B M E L A V O N
S I U Y D F A H T L G K A E R
L L K C O R E T I H W S U U Z
F G U I D D A T S I M A L H N
```

◊ AMISTAD

◊ BUCHANAN

◊ CADDO

◊ CANYON

◊ HIGHLAND CHAIN

◊ LADYBIRD

◊ LAVON

◊ LBJ

◊ LEWISVILLE

◊ LIVINGSTON

◊ MARBLE FALLS

◊ MURVAUL

◊ NASWORTHY

◊ PALESTINE

◊ RAY HUBBARD

◊ SAM RAYBURN

◊ SOMERVILLE

◊ STEINHAGEN

◊ TAWAKONI

◊ TEXOMA

◊ TOLEDO BEND

◊ TRAVIS

◊ TWIN BUTTES

◊ WHITE ROCK

Play Ball

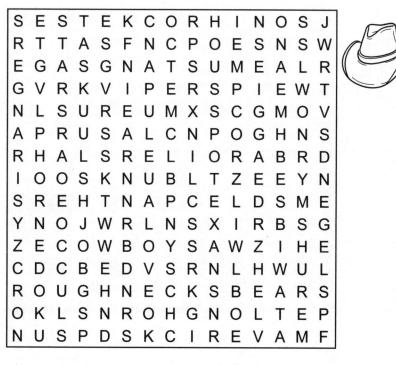

```
S E S T E K C O R H I N O S J
R T T A S F N C P O E S N S W
E G A S G N A T S U M E A L R
G V R K V I P E R S P I E W T
N L S U R E U M X S C G M O V
A P R U S A L C N P O G H N S
R H A L S R E L I O R A B R D
I O O S K N U B L T Z E E Y N
S R E H T N A P C E L D S M E
Y N O J W R L N S X I R B S G
Z E C O W B O Y S A W Z I H E
C D C B E D V S R N L H W U L
R O U G H N E C K S B E A R S
O K L S N R O H G N O L T E P
N U S P D S K C I R E V A M F
```

◊ AGGIES
◊ ASTROS
◊ BEARKATS
◊ BEARS
◊ COWBOYS
◊ EXPRESS
◊ HORNED FROGS
◊ LEGENDS
◊ LONGHORNS
◊ MAVERICKS
◊ MEAN GREEN
◊ MUSTANGS

◊ OILERS
◊ OWLS
◊ PANTHERS
◊ RAIDERS
◊ RANGERS
◊ RHINOS
◊ ROCKETS
◊ ROUGHNECKS
◊ SPURS
◊ STARS
◊ TEXANS
◊ VALLEY VIPERS

Settlers and Settling

```
L O S B R A Z O S C E G N D M
E D E P I N E D A M I R E E J
E S A X E T R D O M G A D R V
H O U S T O N W A G H Y R D F
W V C O L O N I Z A T I O N D
G K E R N S T T S S E R B U E
N C T Y Z O E N D J E I O H W
I I J T O X I R R A N F R T E
N R S Z I U A Y N L T K W V E
N E B A G W A K V O W V I W S
I V N E D U E P L O E E E N E
P A S E S V T D V M N L Y Y G
S M I T H W I C K I T S E J H
Z S I D E V A C A S Y I M D W
W N M I S S I O N A R I E S M
```

◊ MOSES AUSTIN

◊ GAIL BORDEN

◊ COLONIZATION LAW

◊ MARTIN DE LEON

◊ ALONSO DE PINEDA

◊ CABEZA DE VACA

◊ WILLIAM DEWEES

◊ GREEN DEWITT

◊ DOG TROT CABIN

◊ HADEN EDWARDS

◊ EIGHTEEN TWENTY

◊ FRIEDRICH ERNST

◊ SAM HOUSTON

◊ OLD THREE HUNDRED

◊ J.A. LOOMIS

◊ HENRIETTA KING

◊ LOS BRAZOS EL DIOS

◊ MARY ANN MAVERICK

◊ MISSIONARIES

◊ JUAN SEGUIN

◊ NOAH SMITHWICK

◊ SPINNING WHEEL

◊ GONE TO TEXAS

◊ TEXIAN

Counties – Part I

```
R E H C I E L H C S O T Ò O V
I R A P Z O A S O C S A T A P
S O N O T R O M K C O R H T V
L Ò I S W N O S T R E B O R I
L E L D K I M B L E Y N Q A T
E B E C I B L P O E P C J N B
W U G K R S D L L Q B N A D R
M R N Q O O E K I I N H S A A
I N A Q D R C R I A B U P L Z
J E V Y S O E K P H M Q E L O
P T O M H T N H E E Q S R Q R
L L A D N E K U C T R L O P I
F A C A V A L T N O T W E N A
I M A H D L O M A D I S O N N
G D Z H A R D E M A N L Ò À Q
```

◊ ANGELINA

◊ ATASCOSA

◊ BRAZORIA

◊ BURNET

◊ CHEROKEE

◊ CROCKETT

◊ ECTOR

◊ FLOYD

◊ HARDEMAN

◊ HOCKLEY

◊ JASPER

◊ JIM WELLS

◊ KENDALL

◊ KIMBLE

◊ LAVACA

◊ MADISON

◊ NEWTON

◊ OLDHAM

◊ PRESIDIO

◊ RANDALL

◊ ROBERTSON

◊ SCHLEICHER

◊ THROCKMORTON

◊ WILLIAMSON

Amusement Parks

```
C I P E W S E A W O R L D K P
H F L O W T A E R G Y I S A Y
N P E R U S A E L P T R T Z Y
N E O D H J Z I R D I A A Z A
N C H Z N J O O B D V H T I W
A S Z G G N B I L D A A E P A
I B R W S R S I D T R L F W T
I L P E A H W E Y N G A A A S
A B S H D N R P T G A K I F A
W D P H T A H A H A M L R V C
A N S E M O R A P I R P Y M B
H A W V O G L T B F E I L O N
F R N N A Q U A T I C A P O J
S G A L F X I S M K C O R D F
K H P S D N A L R E T S E Y Y
```

- ◊ AQUATICA
- ◊ CASTAWAY COVE
- ◊ EPIC WATERS
- ◊ GRAND TEXAS
- ◊ GRAVITY PARK
- ◊ GREAT WOLF LODGE
- ◊ HAWAIIAN FALLS
- ◊ HURRICANE HARBOR
- ◊ JOYLAND
- ◊ KALAHARI
- ◊ LIONS JUNCTION
- ◊ MOODY GARDENS

- ◊ PARK AND PIZZA
- ◊ PIRATES BAY
- ◊ PLEASURE PIER
- ◊ ROCK N RIVER
- ◊ SEA WORLD
- ◊ SIX FLAGS
- ◊ STATE FAIR PARK
- ◊ TRADERS VILLAGE
- ◊ TYPHOON TEXAS
- ◊ WET N WILD
- ◊ YESTERLAND FARM
- ◊ ZERO GRAVITY

Native Plants

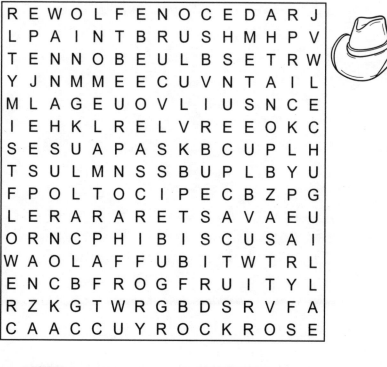

```
R E W O L F E N O C E D A R J
L P A I N T B R U S H M H P V
T E N N O B E U L B S E T R W
Y J N M M E E C U V N T A I L
M L A G E U O V L I U S N C E
I E H K L R E L V R E E O K C
S E S U A P A S K B C U P L H
T S U L M N S S B U P L B Y U
F P O L T O C I P E C B Z P G
L E R A R A R E T S A V A E U
O R N C P H I B I S C U S A I
W A O L A F F U B I T W T R L
E N C B F R O G F R U I T Y L
R Z K G T W R G B D S R V F A
C A A C C U Y R O C K R O S E
```

◊ FALL ASTER

◊ BEAUTY BERRY

◊ BLUEBONNET

◊ BLUESTEM

◊ BUFFALO GRASS

◊ CACTUS

◊ CEDAR

◊ CONEFLOWER

◊ CORAL BEAN

◊ CROSSVINE

◊ ESPERANZA

◊ FROGFRUIT

◊ HIBISCUS

◊ TEXAS LANTANA

◊ LECHUGUILLA

◊ LEMON BEE BALM

◊ MISTFLOWER

◊ GULF MUHLY

◊ PAINTBRUSH

◊ PRICKLY PEAR

◊ ROCK ROSE

◊ TURKSCAP

◊ WINECUP

◊ YUCCA

```
O E J E C O H P B E F Y G K B
L P E C O J L T V S E P C D Y
A A I A T J I O F N I R K T V
D C H P U H L D N U Z V N N L
Y S A S T E E I R M I U A L R
B E M X V Y K R P I O L I R Y
I U I I A C I E A M S H R R T
R S L T M U D H A N E K A L K
D R T F R I S R P L G R I R C
O E O A C J A T T B B E N L O
M D N A T P A S I I A J E T L
A N B H F E A W L N C R Y V L
I O L D U C K B O A T J T J U
N W B A T C R U I S E M O O B
H A U N T E D B E I I S I D N
```

- ◊ BARTON SPRINGS
- ◊ BAT CRUISE
- ◊ BULLOCK MUSEUM
- ◊ CASTLE HILL
- ◊ DOMAIN
- ◊ DRISKILL HOTEL
- ◊ DUCK BOAT
- ◊ ESCAPE GAME
- ◊ HAMILTON POOL
- ◊ HAUNTED AUSTIN
- ◊ INNER SPACE
- ◊ LADY BIRD LAKE
- ◊ LAKE AUSTIN
- ◊ LBJ LIBRARY
- ◊ LIVE LOVE PADDLE
- ◊ MCKINNEY FALLS
- ◊ PARAMOUNT
- ◊ PEDI CAB RIDE
- ◊ RAINEY STREET
- ◊ SIXTH STREET
- ◊ STATE CAPITOL
- ◊ THE RANGE
- ◊ WONDER SPACES
- ◊ ZIP LAKE TRAVIS

```
R R M Z P S N I F I S H E R V
O R E G D A E E T W H A C P F
L A T M M R B N S K F R A W V
L T P L A G U A O C A R L O O
A S E W S H L R V J K E L L I
B S S A B D L M D E B V A S W
Y D X O I F D S R N T L W O C
M E N V H Y O T Y E E O Z K L
T R A A E W G R B W E V N R E
A R M B A R R O W T I E Y T M
R P T Z U M E N A O E R U U E
O A I N W N P G C N Z T H C N
M I H V O M C D O N A L D K T
A J W T H O M P S O N O H E S
Z F O R T W O R T H R C J R H
```

- ◊ JOHN B. ARMSTRONG
- ◊ JOE BALL
- ◊ CLYDE BARROW
- ◊ SAM BASS
- ◊ MCNEILLY BULLDOG
- ◊ MANNEN CLEMENTS
- ◊ COLT REVOLVER
- ◊ KING FISHER
- ◊ FORT WORTH FIVE
- ◊ FRANK HAMER
- ◊ GENENE JONES
- ◊ KRISTI KOSLOW

- ◊ BILL MCDONALD
- ◊ THE NEWTON GANG
- ◊ BONNIE PARKER
- ◊ YOLANDA SALDIVAR
- ◊ JOHN SELMAN
- ◊ BELLE STARR
- ◊ TEXAS RANGERS
- ◊ BEN THOMPSON
- ◊ KARLA FAY TUCKER
- ◊ BIGFOOT WALLACE
- ◊ CHARLES WHITMAN
- ◊ DIANE ZAMORA

```
N F E R E V I R P T S K F B V
A I F U R O R N A B R U U A P
M R I M I H S G R A G D G R A
S S L T O D L E I F D W Y B R
K T F C B L V P S Y A Z D A K
R M O E R D N E H S A V S R L
A A E F A M N O N R E J V O A
M N E R V U L I C J T O D S N
R H R E O L A E T V B T B A D
D E T P Y H I G H W A Y M E N
A T D H C U N D J A N G O P O
Y H N N L O N E M H G H R K T
P B O A E S J D U M P L I N W
C V A P I T G B L F O G E M E
W M M H E G O R E P I N S D N
```

◊ AMERICAN SNIPER
◊ BARBAROSA
◊ BUDDY HOLLY STORY
◊ CHAINSAW
◊ CRAZY HEART
◊ DJANGO
◊ DUMPLIN'
◊ FIRST MAN
◊ GIANT
◊ HIGHWAYMEN
◊ HOPE FLOATS
◊ LONE RANGER
◊ LOVE FIELD
◊ MARKSMAN
◊ MULE
◊ NEWTON BOYS
◊ PARIS TEXAS
◊ PARKLAND
◊ PERFECT WORLD
◊ RED RIVER
◊ RIO BRAVO
◊ TENDER MERCIES
◊ TREE OF LIFE
◊ URBAN COWBOY

```
U N U J A C W R C O W B O Y N
U S R B A M N E E U Q I N G I
M I M B I A R W Y R D Z R A G
Y A P O F P I E T P Z S E S N
H S E Z E O R L B A P S Z S O
T Y O V A K N R O U M O W A T
E C E W T E I A E N A A P R T
E I D W H R R B I H G D L G O
R S E B E A F F B S S A D E C
T U P E R Z T R S U A U M U J
S M M O F L E F Y G D S G L M
N W A K E T E E T O P I Z B Y
I S T T S E F R E V I R B F K
A X S Y T E N N O B E U L B J
M S O V U G C R A W F I S H U
```

◊ ASIAN PACIFIC

◊ BLUEBONNET

◊ BLUEGRASS

◊ CAJUN

◊ CHIPS POKER

◊ COTTON GIN

◊ COWBOY MARDI GRAS

◊ CRAWFISH

◊ FEATHERFEST

◊ GUSHER DAYS

◊ HAM RODEO

◊ MAGNOLIA DAYS

◊ MAIN STREET

◊ MUD DAUBER

◊ OYSTER

◊ POTEET STRAWBERRY

◊ QUEEN MAB BALL

◊ RED POPPY

◊ RIVERFEST

◊ SO WHAT MUSIC

◊ STAMPEDE WEEKEND

◊ SXSW MUSIC FEST

◊ TAMALE

◊ UBBI DUBBI

Critters

```
Y G B A D G E R A G U O C H F
A D C O R A L S N A K E Y V P
G Y Y N N R O H G N O R P C R
R I D N U R A U G A J M E A A
A A S C O Y O T E B O L T N I
M L T U J R P D Y U E T N G R
F L O N G H O R N R L T O O I
L I L C V N A T R E A C O R E
O G E J Y C A I S C I A C A C
W A C V C I U N B R N T A G H
D T O E N Q A O D L O L R O I
E O P L S K B T Z S S C Y A C
R R I X E T N A E R I F S T K
W O O N H W G E M S B O K Y E
N F E R A L H O G O A T M H N
```

- ◊ ALLIGATOR
- ◊ ANGORA GOAT
- ◊ ANGUS
- ◊ BADGER
- ◊ BISON
- ◊ BOBCAT
- ◊ CORAL SNAKE
- ◊ COUGAR
- ◊ COYOTE
- ◊ FERAL HOG
- ◊ FIRE ANT
- ◊ FOX SQUIRREL
- ◊ GEMSBOK
- ◊ JAGUARUNDI
- ◊ LONGHORN
- ◊ MARGAY
- ◊ MOUNTAIN LION
- ◊ OCELOT
- ◊ PECCARY
- ◊ PRAIRIE CHICKEN
- ◊ PRONGHORN
- ◊ RACOON
- ◊ RATTLESNAKE
- ◊ RED WOLF

```
N A M E L O C D E Z A V A L A
N J O P L I N S T K E C A P S
O I T S K H U G H E S P Y N L
S O T E E C V I E W Y O Z M S
I E D R R L W H R M N U W Y E
M L N A A B E E S D I G N O L
E K M G S M K N R H K M H N I
J S N E T R U I A K T V O S B
Y L E A A S D P C H S N U F
T G V P D C S W Z U N A V G E
U W U T O R E H G H V Z G B Z
E D C L D O O D O E G O K S S
Y T L A E F W J I V H Z E W C
G R A H A M S S D R A H C I R
H S U B K G W Y L R E B E U V
```

◊ MARY KAY <u>ASH</u>

◊ SIMONE <u>BILES</u>

◊ LAURA <u>BUSH</u>

◊ BESSIE <u>COLEMAN</u>

◊ ADINA <u>DE ZAVALA</u>

◊ CLARA <u>DRISCOLL</u>

◊ ANGELINA <u>EBERLY</u>

◊ DALE <u>EVANS</u>

◊ BETTE <u>GRAHAM</u>

◊ IMA <u>HOGG</u>

◊ SARAH T. <u>HUGHES</u>

◊ MAE <u>JEMISON</u>

◊ LIZZIE <u>JOHNSON</u>

◊ JANIS <u>JOPLIN</u>

◊ BARBARA <u>JORDAN</u>

◊ JANE <u>LONG</u>

◊ CARRIE <u>MARCUS</u>

◊ MARY <u>MARTIN</u>

◊ BONNIE <u>PARKER</u>

◊ ANN <u>RICHARDS</u>

◊ SALLY <u>RIDE</u>

◊ <u>SELENA</u>

◊ SISSY <u>SPACEK</u>

◊ SHERYL <u>SWOOPES</u>

```
U N S E H C O D G O C A N S T
M O C P I W N O I S S E C E S
O I T O A M E X I C O L L T G
C T P R N I C I V I L W A R N
T A S D L F N T H B I I S O O
E X S I A Y E F R A N C E C L
Z E W Z R B G D D R U O C K E
U N O N U A E O E R G N L H H
M N I B S N P C L R D A Y A C
A A N O N N H F J D A E Z D N
U Z O L A S A L L E H C A P A
S E T A T S D E T I N U Y R M
H R N E N Y Y L A B A H I A O
G N A Y C S A N T A A N N A C
Y U A W O I K R E P U B L I C
```

- ANNEXATION
- APACHE
- AZTEC
- CIVIL WAR
- COMANCHE
- CONFEDERACY
- HERNAN CORTES
- FRANCE
- GOLD
- KIOWA
- LA BAHIA
- ROBERT LA SALLE

- JOHN LONG
- MEXICO
- MOCTEZUMA
- NACOGDOCHES
- PHILIP NOLAN
- REPUBLIC OF TEXAS
- SAN ANTONIO
- SANTA ANNA
- SECESSION
- SPAIN
- TREATY OF PARIS
- UNITED STATES

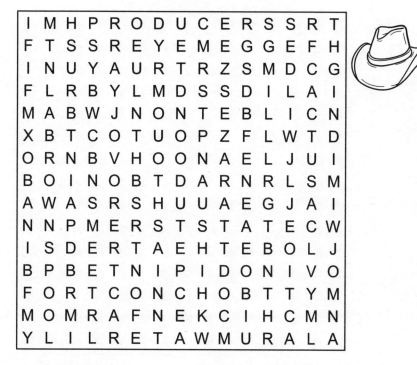

```
I M H P R O D U C E R S S R T
F T S S R E Y E M E G G E F H
I N U Y A U R T R Z S M D C G
F L R B Y L M D S S D I L A I
M A B W J N O N T E B L I C N
X B T C O T U O P Z F L W T D
O R N B V H O O N A E L J U I
B O I N O B T D A R N R L S M
A W A S R S H U U A E G J A I
N N P M E R S T S T A T E C W
I S D E R T A E H T E B O L J
B P B E T N I P I D O N I V O
F O R T C O N C H O B T T Y M
M O M R A F N E K C I H C M N
Y L I L R E T A W M U R A L A
```

◊ ANGELO STATE RAMS
◊ BE THEATRE
◊ BROWN'S POOL
◊ CACTUS BOOKSHOP
◊ CHICKEN FARM ART
◊ DEAD HORSE SALOON
◊ DEPOT MUSEUM
◊ EGGEMEYER'S
◊ FAT BOSS PUB
◊ FORT CONCHO
◊ HISTORICAL MURAL
◊ HOUSE OF FIFI

◊ ICON CINEMA
◊ J. WILDE'S
◊ MIDNIGHT RODEO
◊ MR. BOOTS
◊ NATURE CENTER
◊ PAINTBRUSH ALLEY
◊ PRODUCERS PARK
◊ STATE PARK
◊ THINK IN A BOX
◊ VINO DIPINTE ART
◊ WALL FEST
◊ WATERLILY GARDEN

```
D M C S G R I S T M I L L J A
S E I A P R V Y R R L J R U N
T X Y R M H P A R G E L E T N
A I R V Y E I O Y M N C S R A
G C E P R L L A J U O T E N P
E A N S R Y N S R L R H R O O
C N N O I Z D G T A C W V I N
O A A N F R O N C N S N A N Y
A D T O O D P X A D C O T U E
C Y R S L I O R I M C T I E X
H T L K P M S Z E O R T O R P
S F T K I R R S Y T F O N A R
G N I K O O I D E N N C N L E
T O S P K L W N A C I E L O S
P L A N T E R A G T M Z J P S
```

- ◊ CAT SPRING
- ◊ COLT SIX SHOOTER
- ◊ COTTON BELT
- ◊ DOG RUN CABIN
- ◊ FORTS
- ◊ FREE ENTERPRISE
- ◊ GRISTMILL
- ◊ RICHARD KING
- ◊ KIOWA
- ◊ LA REUNION
- ◊ MEXICAN CESSION
- ◊ MEXICAN WAR

- ◊ NORMANDY
- ◊ OXCART LINES
- ◊ PANNA MARIA
- ◊ PLANTER
- ◊ PONY EXPRESS
- ◊ RAILROAD
- ◊ RANCHER
- ◊ RESERVATION
- ◊ STAGECOACH
- ◊ TANNERY
- ◊ TELEGRAPH
- ◊ US ARMY CAMELS

Fabulous Fort Worth

```
O N E C N A D N U S L F M R F
E K R B K J C N O S H M P E M
D B A E V I O E D S F B A G P
O O U P D I M R N O C A N A W
R E U R T O A B B T M S A T U
I N L A G Y M I E O G S N N S
P G I C K E L R N L N H A I E
F V O C Y L R C O W L A M V A
A W O Y Y C A S O R A L E D Q
O T C B T R E T A W I L E H U
S R O O T I W D I C K I E S E
O B H E Y O N N H A C O S L S
S O R P C O N I B A C G O L T
E C Z O K E T D R O B R J S N
C A T T L E P E N T E C E O S
```

◊ <u>ACRE</u> DISTILLING

◊ <u>AMON CARTER</u> ART

◊ ARTES <u>DE LA ROSA</u>

◊ <u>AVIATION</u> MUSEUM

◊ <u>BASS HALL</u>

◊ <u>BILLY BOB'S</u> TEXAS

◊ <u>BURGERS</u> LAKE

◊ CASA <u>MANANA</u>

◊ <u>CATTLE PEN</u> MAZE

◊ <u>COWTOWN</u>

◊ <u>COYOTE</u> DRIVE IN

◊ <u>CYCLE</u> BAR

◊ <u>DICKIES</u> ARENA

◊ FORT WORTH <u>ZOO</u>

◊ <u>KIMBELL</u> ART

◊ <u>LOG CABIN</u> VILLAGE

◊ <u>MODERN</u> ART MUSEUM

◊ <u>SEAQUEST</u>

◊ STOCKYARD <u>RODEO</u>

◊ <u>STOCKYARDS</u>

◊ <u>SUNDANCE</u> SQUARE

◊ <u>TRINITY</u> PARK

◊ <u>VINTAGE</u> FLYING

◊ <u>WATER</u> GARDENS

```
O E M Y G O L O P A C S E I B
U H T O A S T H A L I N A R E
T D D Z G R R B K Z R D A N H
L Y S G H E L E L D V S I E O
E A A D R T W P L P S W D X S
T T H L O S T L C T E F B P A
F S D J C N S L A L T A K R F
O I S I K O E P D Y C E R E E
H V B A N M R I W K D A S S R
B A X G B N O I T A S N E S A
I R A I W K F D I A M O N D N
E R G L L A R O F Y A L P E G
Y E N O H F K A L A H A R I E
V T U T E N N O B E U L B L F
K V F S K C U B E L C N U V T
```

- BLUEBONNET BEER
- BRASS TAP
- CLAY MADSEN REC
- DELL DIAMOND
- DOG DEPOT
- ESCAPOLOGY
- EXPRESS
- FLIX BREWHOUSE
- FOREST CREEK CLUB
- HALINA DAY SPA
- IDLE WINE
- KALAHARI
- MONSTER GOLF
- OLD SETTLERS PARK
- OUTLET MALL
- PLAY FOR ALL PARK
- ROCK'N RIVER
- ROUND ROCK HONEY
- SAFE RANGE GAMES
- SAM BASS THEATRE
- TERRA VISTA
- TOAST AND TIMBER
- UNCLE BUCK'S
- WINE SENSATION

```
E C A R C C O G L A D I H R D
O P A N A H A L L A C L E A A
N N I L S N I T S U A M F X W
O M B E E R T L I H C O S E M
S M A T A G O R D A F Z H B G
N E S K O H T A R R A N T R I
H H T F A Y E T T E B I R L
O C R W R A F A S A U S M E L
J N O I R I A K I R L J S F E
E A P E D R A R L A O Z F U S
G M B S A U O E S E I Z A G P
S O I N F T S A T I B J E I I
S C S M C O L W R U H E D O E
Y A A I N L H A N S F O R D V
S N V V E A S T L A N D R G S
```

◊ ARANSAS

◊ AUSTIN

◊ BASTROP

◊ BEXAR

◊ BURLESON

◊ CALLAHAN

◊ CHILDRESS

◊ COMANCHE

◊ DEAF SMITH

◊ EASTLAND

◊ FAYETTE

◊ GILLESPIE

◊ HANSFORD

◊ HIDALGO

◊ IRION

◊ JOHNSON

◊ KAUFMAN

◊ KLEBERG

◊ LA SALLE

◊ MATAGORDA

◊ OCHILTREE

◊ REFUGIO

◊ TARRANT

◊ VICTORIA

Life's a Beach

```
P L E A S U R E S A S N A R A
S T G A L V E S T O N U V S C
T B S Y M A L A Q U I T E A I
A C N A L B A L S I R T E N H
L H N G E L N T J W S T H D C
F S O N N H L C R U L O L F A
L T T A Y I U A R O I H N E C
A E L T J C L F W Y P E V S O
D W U S F T S L A A S E L T B
I A F U U I A N E O E T E L E
T R H M D U U D J H P S A R C
D T U E F G N N D J S I D L F
B R V M A T A G O R D A L V N
S F I L Y S R S H S P Y E L B
A L F B L T R O P K C O R Y C
```

◊ BIRD WATCHING

◊ BOCA CHICA

◊ CRYSTAL BEACH

◊ EAST BEACH

◊ FREEPORT JETTY

◊ FULTON

◊ GALVESTON BAY

◊ ISLA BLANCA

◊ LAGUNA MADRE

◊ MALAQUITE

◊ MATAGORDA

◊ MUSTANG ISLAND

◊ PADRE ISLAND

◊ PLEASURE PIER

◊ PORT ARANSAS

◊ ROCKPORT

◊ SAN JOSE ISLAND

◊ SEA TURTLE

◊ SEAWALL

◊ SHELLING

◊ STEWART

◊ SURFSIDE

◊ TEXAS SAND FEST

◊ TIDAL FLATS

"A" is for Alamo

```
E S U O H E R A W C H Y L L T
M I S S I O N R A X E B E D Y
A V F O B S V T H I R T E E N
B A O V T T H E D D Z T U S I
A R A R O O R E M E M B E R C
N T I N L L G I Y A V G H R O
D V G I A E U L H O D R O H N
O S C Z N C L N H R D C U A A
N W A E Z O O R T E K J I C J
A E R N C B P F G E Z X C E E
D A T S D W B U T Y E K H A T
L L I E N O E T C T C R N R P
F R R A W L I V I C G N O J R
D T F I L S R E G N A R H G J
F J E O K Z F O I N O T N A Y
```

◊ ABANDON
◊ ALAMO RANGERS
◊ JAMES BONHAM
◊ JIM BOWIE
◊ CATHOLIC CHURCH
◊ CIVIL WAR FORT
◊ DAVY CROCKETT
◊ CURVED GABLE
◊ DE BEXAR
◊ DEGUELLO
◊ CLARA DRISCOLL
◊ GENERAL STORE

◊ LINE IN THE SAND
◊ MEAT WAREHOUSE
◊ MISSION DE VALERO
◊ JAMES NEILL
◊ REMEMBER
◊ SAN ANTONIO
◊ SANTA ANNA
◊ TEJANO
◊ TEXIAN
◊ THIRTEEN DAYS
◊ WILLIAM TRAVIS
◊ VOLUNTEER

```
F G M L O G O T L A I R H P E
I W S A N S N X Z D H M O B Y
L R D O J O P M E P A H V E Y
M C L B S E J A V T S D L V R
A A K I U N S Z M I F L I X U
L C L M N W E T B A L I E I T
L T B C T O B X I H B C L N N
E U C Y B T A R U C A A D C E
Y S B U D D Y H O L L Y L F C
E B O L G L I W A W E B G A O
B Z B T B O M P F V N D L N L
A N G E L I K A Y K S G I B E
R T N U O M A R A P F D H E G
N W O T L E S N I T E X A S N
S S A B S P O R T S A B W P A
```

- ◊ ALABAMA
- ◊ ANGELIKA FILM
- ◊ ANGELO CIVIC
- ◊ BASS HALL
- ◊ BASTROP OPERA
- ◊ BIG SKY DRIVE IN
- ◊ BISHOP ARTS
- ◊ BROWN AUDITORIUM
- ◊ BUDDY HOLLY HALL
- ◊ CACTUS THEATRE
- ◊ CENTURY ODESSA
- ◊ CLIFTEX
- ◊ DELUXE
- ◊ FILM ALLEY
- ◊ FLIX BREWHOUSE
- ◊ GLOBE
- ◊ LONG CENTER
- ◊ MAJESTIC
- ◊ OLD TOWNE
- ◊ PALACE
- ◊ PARAMOUNT
- ◊ RIALTO
- ◊ TEXAS THEATRE
- ◊ TINSELTOWN

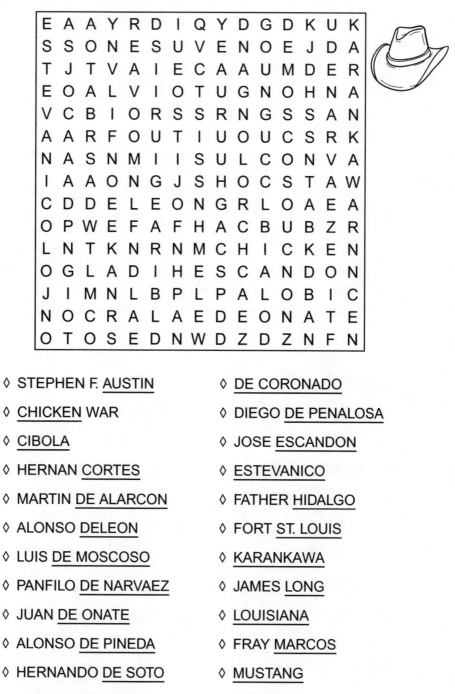

```
E A A Y R D I Q Y D G D K U K
S S O N E S U V E N O E J D A
T J T V A I E C A A U M D E R
E O A L V I O T U G N O H N A
V C B I O R S S R N G S S A N
A A R F O U T I U O U C S R K
N A S N M I I S U L C O N V A
I A A O N G J S H O C S T A W
C D D E L E O N G R L O A E A
O P W E F A F H A C B U B Z R
L N T K N R N M C H I C K E N
O G L A D I H E S C A N D O N
J I M N L B P L P A L O B I C
N O C R A L A E D E O N A T E
O T O S E D N W D Z D Z N F N
```

◊ STEPHEN F. AUSTIN
◊ CHICKEN WAR
◊ CIBOLA
◊ HERNAN CORTES
◊ MARTIN DE ALARCON
◊ ALONSO DELEON
◊ LUIS DE MOSCOSO
◊ PANFILO DE NARVAEZ
◊ JUAN DE ONATE
◊ ALONSO DE PINEDA
◊ HERNANDO DE SOTO
◊ CABEZA DE VACA

◊ DE CORONADO
◊ DIEGO DE PENALOSA
◊ JOSE ESCANDON
◊ ESTEVANICO
◊ FATHER HIDALGO
◊ FORT ST. LOUIS
◊ KARANKAWA
◊ JAMES LONG
◊ LOUISIANA
◊ FRAY MARCOS
◊ MUSTANG
◊ QUIVIRA

Climate and Weather

```
O E O L A T N A H C J N M H D
D A D V E C T I O N F O G R N
O A W Y S U G E Z C F E R I N
O B L E H A R V E Y A V Y A L
L P V L R L L U T N D M I I E
F L N L I C Y O J C L L A Y N
H A H A A S U P H E E H I A I
S T U O R C O R I C M W C M M
A I R D U C A N L Z I H I R R
L R R A A G N R O N I N L E E
F R I N L O J E L B M B A A H
G I C R B L I Z Z A R D C Z E
K K A O G F T H G U O R D A R
F E N T F R A N K L I N N O J
T A E H T I G I D E L P I R T
```

◊ ADVECTION FOG
◊ ALICIA
◊ ALLISON
◊ BLIZZARD
◊ BONNIE
◊ CARLA
◊ CELIA
◊ CHANTAL
◊ DROUGHT
◊ EL NINO
◊ ERIN
◊ FLASH FLOOD

◊ FRANKLIN
◊ HAIL
◊ HARVEY
◊ HERMINE
◊ HURRICANE
◊ IKE
◊ IMELDA
◊ LAURA
◊ NICHOLAS
◊ RITA
◊ TORNADO ALLEY
◊ TRIPLE DIGIT HEAT

Festivals and Fetes – Part II

```
F P M E D I E V A L F A F H B
I T S E F K L O F H T Z W T E
D D Y Y A H A N T A S O H R E
D B T O L W I R K H E O F O L
L O P R F A A G Z S F L O P L
E A G E A E D Y H A D A O K I
S W H S B I L N R L N P M C V
G E R M A N N K Y T A Y L O R
E N R C O N C H O T S N A R R
L M U E N I I E K H L R D H E
L D M J T O Y T S E R O F K K
A L Z R A N T I D R P M R R Y
S O U O S R U L L I V I N G A
A S A U S T I N U M M O O L B
L L N P U B I R D F E S T C S
```

◊ ARTS IN BLOOM

◊ AUSTIN STOCK SHOW

◊ BIRDFEST

◊ CITRUS FIESTA

◊ CIVIL WAR LIVING

◊ COLOR PALOOZA

◊ EARTH ART

◊ EEYORE'S BIRTHDAY

◊ FIDDLE

◊ FOLKFEST

◊ FORT CONCHO

◊ FULTON RACES

◊ GERMAN FEST

◊ HIGHLAND GAMES

◊ KERRVILLE FOLK

◊ LA SALLE DAYS

◊ MEDIEVAL WINE

◊ RAJUN CAJUN

◊ ROCK PORT KITE

◊ SALT THE RIM

◊ SANDFEST

◊ SHERWOOD FOREST

◊ TAYLOR AUTO SHOW

◊ TRAIN DAYS

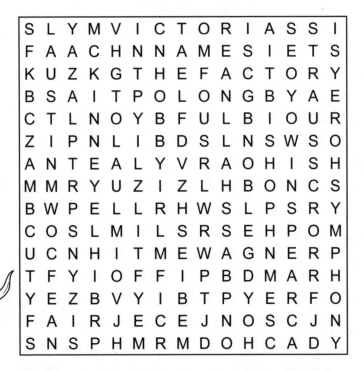

```
S L Y M V I C T O R I A S S I
F A A C H N N A M E S I E T S
K U Z K G T H E F A C T O R Y
B S A I T P O L O N G B Y A E
C T L N O Y B F U L B I O U R
Z I P N L I B D S L N S W S O
A N T E A L Y V R A O H I S H
M M R Y U Z I Z L H B O N C S
B W P E L L R H W S L P S R Y
C O S L M I L S R S E H P O M
U C N H I T M E W A G N E R P
T F Y I O F F I P B D M A R H
Y E Z B V Y I B T P Y E R F O
F A I R J E C E J N O S C J N
S N S P H M R M D O H C A D Y
```

◊ AMPLIFIED

◊ AUDITORIUM SHORE

◊ AUSTIN CITY LIMIT

◊ BALLET AUSTIN

◊ BASS HALL

◊ BISHOP ARTS

◊ BON IVER

◊ CEDAR HILL ISD

◊ COPPELL ARTS

◊ DALLAS SYMPHONY

◊ EISEMANN CENTER

◊ FAIR PARK

◊ HOBBY CENTER

◊ HOUSE OF BLUES

◊ LONG CENTER

◊ MCKINNEY

◊ NOBLE FAMILY

◊ PLAZA THEATRE

◊ STRAUSS SQUARE

◊ THE FACTORY

◊ TOBIN CENTER

◊ VICTORIA FINE ART

◊ WAGNER NOEL

◊ WINSPEAR OPERA

Art Museums

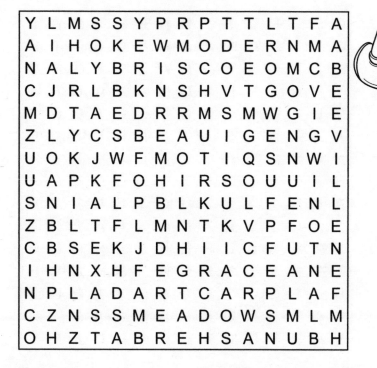

```
Y L M S S Y P R P T T L T F A
A I H O K E W M O D E R N M A
N A L Y B R I S C O E O M C B
C J R L B K N S H V T G O V E
M D T A E D R R M S M W G I E
Z L Y C S B E A U I G E N G V
U O K J W F M O T I Q S N W I
U A P K F O H I R S O U U I L
S N I A L P B L K U L F E N L
Z B L T F L M N T K V P F O E
C B S E K J D H I I C F U T N
I H N X H F E G R A C E A N E
N P L A D A R T C A R P L A F
C Z N S S M E A D O W S M L M
O H Z T A B R E H S A N U B H
```

◊ ART CAR
◊ BAYOU BEND
◊ BEEVILLE
◊ BLAFFER
◊ BLANTON
◊ BRISCOE WESTERN
◊ CINCO RANCH
◊ GRACE
◊ HOUSTON FINE ARTS
◊ KIMBELL
◊ MCNAY
◊ MEADOWS

◊ MENIL COLLECTION
◊ MODERN
◊ NASHER SCULPTURE
◊ NATIONAL COWGIRL
◊ OLD JAIL ART
◊ PANHANDLE PLAINS
◊ RAINBOW VOMIT
◊ SEISMIQUE
◊ SOUTHEAST TEXAS
◊ STARK
◊ TEXAS ARTISTS
◊ UMLAUF SCULPTURE

```
C S E R U T I D N E P X E W S
W T I P C W S Z A P C C T A B
W E D C A P U R W T O K Y T G
Y H R L P K C O M A N C H E W
V U A O I I A C B T G A G R S
A A T A T S I I E N R D S L C
N C S U O A Y L R E E C R O H
S A E S L G L B I D S O E O A
A N N T A I P U O I S U V E R
X A O I V H A P G S F N E P T
E I L N U U R E R E L C N U E
T P N E O S K R A R R I U U R
R I L S O T E L N P V L E W P
L O F U N O R K D D P A N I C
V T J P M N S E E K O R E H C
```

◊ AUSTIN
◊ CAPITOL
◊ CHARTER
◊ CHEROKEE
◊ COMANCHE
◊ CONGRESS
◊ COUNCIL HOUSE
◊ EXPENDITURES
◊ HOMESTEAD LAW
◊ FELIX HUSTON
◊ LINNVILLE
◊ LONE STAR FLAG

◊ PANIC
◊ PARKER'S FORT
◊ PLUM CREEK
◊ PRESIDENT
◊ REGULATOR
◊ REPUBLIC OF TEXAS
◊ REVENUE
◊ RIO GRANDE
◊ SANTA ANNA
◊ TEHUACANA CREEK
◊ TEXAS NAVY
◊ WATERLOO

```
O S F E H C N A M O C A D D O
O R B L P L A P L C A R S O N
P A E F O A I A A N I O K A U
A E W D D W F P E R S C A R R
K B S O R F E N A A A J R R E
C N B L U I I N L N T J A E S
I E O B K C V T O B N U N I E
K T I I I R C E P L A M K T R
Q F O D R R Z A R G T I A N V
U W E F E O L N P B A L W O A
A M V E K O T I L A S E A R T
N J K I D L Z C P K C S E F I
A W M U I F N M I Y E H O U O
H T R M O W C J U V N R E E N
L O C S W E E T W A T E R G T
```

◊ ADOBE WALLS

◊ APACHE

◊ BUFFALO SOLDIER

◊ CADDO

◊ KIT CARSON

◊ COMANCHE

◊ KARANKAWA

◊ KICKAPOO

◊ KIOWA

◊ LIPAN

◊ LONE WOLF

◊ MEDICINE LODGE

◊ NELSON MILES

◊ PALO DURO CANYON

◊ PARKER'S FORT

◊ QUANAH

◊ RED RIVER WAR

◊ RESERVATION

◊ SALT CREEK RAID

◊ SATANTA

◊ SWEETWATER CREEK

◊ TEN BEARS

◊ TEXAS FRONTIER

◊ VICTORIO

```
H O A E W F R C K W T K M W D
E D P R R R A T I L L I V A L
M N U E E L O W I T T E N W D
I A F V G T F L G M S N I L S
S N I I R D N I H V P E R B D
F R V B E D I A U O B O J O H
A E B N E S I R C M W P H A O
I F L O V O T T B A A O T U M
R N R I T B C A E L L E R Y U
K A A S Z A B S A A K M R W I
O S E S H T N C I R V U R D R
L L P I E T E I A R C E E Z A
J I M M W L T M C L B S W W U
M M N N Z E T V S A L O O N Q
E Z T Y R E W E R B L D T T A
```

◊ ALAMO

◊ AQUARIUM

◊ BATTLE FOR TEXAS

◊ BOTANICAL GARDEN

◊ BRISCOE WESTERN

◊ BUCKHORN SALOON

◊ DOSEUM

◊ FIESTA TEXAS

◊ GOVERNOR'S PALACE

◊ HEMISFAIR PLAZA

◊ LA CANTERA SHOPS

◊ LA VILLITA

◊ LONE STAR BREWERY

◊ MAJESTIC THEATRE

◊ MARKET SQUARE

◊ MISSION SAN JOSE

◊ MISSION TRAIL

◊ NATURAL BRIDGE

◊ PEARL BREWERY

◊ RIVER WALK

◊ SAN FERNANDO

◊ SEA WORLD

◊ TOWER OF THE AMERICAS

◊ WITTE MUSEUM

```
P E N I B A S G T H A E R S U
O C I X E M W E N R N I E W P
H Y E G Y I N R K O F T E A A
A U D A G R A A T T A Y H S N
R F N L U M N S F T T A C H A
R N A B A S U P S E W L N I I
I O R L A O T D T E X I A N S
S T G S H M E I R O Y U M G I
B S O Y H T O J N Y D H O T U
U E I O I L B H Z V L A C O O
R V R N F L D R A J E O L N L
G L U L R E P U B L I C K A W
S A A A T N A S E D K Z Y V S
P G A A I B M U L O C O H K P
Y T A E R T R E V I R D E R Y
```

◊ ARKANSAS

◊ AUSTIN

◊ DAVID G. BURNET

◊ COAHUILA

◊ COLUMBIA

◊ COMANCHE

◊ DE SANTA ANNA

◊ GALVESTON

◊ HARRISBURG

◊ HOUSTON

◊ MIRABEAU B. LAMAR

◊ LONE STAR FLAG

◊ LOUISIANA

◊ NEW MEXICO

◊ OKLAHOMA

◊ RED RIVER

◊ REPUBLIC

◊ RIO GRANDE

◊ SABINE

◊ SALADO CREEK

◊ TEXIANS

◊ TREATY OF VELASCO

◊ UNITED STATES

◊ WASHINGTON

The World's in Texas

```
A E K T Z T L O K O B Y N K W
N T U N O D N O L W E N I I O
O O O Y V R Y N L L V R L H C
T Z T G T H W K W O F K B H S
L V A L O I E M P E T A U H O
I P M I U B C P A R I S D N M
H R H V H O L E S R H M I B Z
C A E E K E M V M Z K L A R T
A H R R W C O E A O R H A R B
S A S P C N I E D E R W A L D
S L T O Z G R U B N I D E M K
E B R O Z H N W O R T H A M R
D A R L P R E L T S A C W E N
O S L E F N U A R B W E N E J
F E I M A I M O R A V I A R B
```

◊ AMHERST

◊ BOGOTA

◊ BRISTOL

◊ CHILTON

◊ DUBLIN

◊ EDINBURG

◊ LIVERPOOL

◊ MARKHAM

◊ MIAMI

◊ MORAVIA

◊ MOSCOW

◊ MOULTON

◊ NEW BERLIN

◊ NEW BRAUNFELS

◊ NEW LONDON

◊ NEWCASTLE

◊ NIEDERWALD

◊ ODESSA

◊ PARIS

◊ PRAHA

◊ ROME CITY

◊ ROZNOV

◊ WEIMAR

◊ WORTHAM

It's a Gusher

```
R C T F F M F W H L D K W I D
O I L F T H E O E R E E G C M
R T U K U L R S E Z R R L L T
E S G O L S E T A M R O O E I
L A L A E I T R U D I S N R B
L L S H D A G E O G C E A R L
I P E P C Y L E Z H K N H A L
R A Y D I O F G O P S E T B I
D L L N R N K C A L B F E G R
E I S T Z D K W I G K F I D
W H E H E C B L M A E B A O L
Z P Y X R Y G R E N E D U N P
B E A U M O N T F T A N V Z U
D C D S L P L A T F O R M S M
O E G A S O L I N E I P U U P
```

◊ RED ADAIR

◊ BARREL

◊ BEAUMONT

◊ BLACK GOLD

◊ CRUDE

◊ DIESEL

◊ DRILL BIT

◊ DRILLER

◊ ENERGY

◊ ETHANOL

◊ GASOLINE

◊ HORSEHEAD

◊ KEROSENE

◊ OFFSHORE

◊ OIL DERRICK

◊ PETROLEUM

◊ PLASTIC

◊ PLATFORM RIG

◊ PUMP JACK

◊ SPINDLETOP

◊ TEXACO

◊ WALKING BEAM

◊ WELL

◊ WILDCATTER

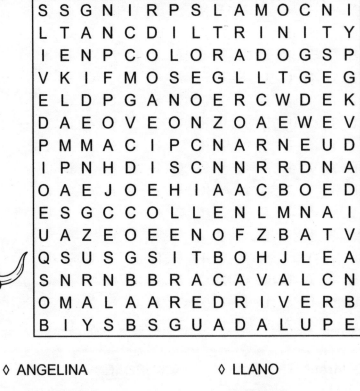

```
S S G N I R P S L A M O C N I
L T A N C D I L T R I N I T Y
I E N P C O L O R A D O G S P
V K I F M O S E G L L T G E G
E L D P G A N O E R C W D E K
D A E O V E O N Z O A E W E V
P M M A C I P C N A R N E U D
I P N H D I S C N N R R D N A
O A E J O E H I A A C B O E D
E S G C C O L L E N L M N A I
U A Z E O E E N O F Z B A T V
Q S U S G S I T B O H J L E A
S N R N B B R A C A V A L C N
O M A L A A R E D R I V E R B
B I Y S B S G U A D A L U P E
```

◊ ANGELINA

◊ BARTON CREEK

◊ BLANCO

◊ BOSQUE

◊ BRAZOS

◊ COLORADO

◊ COMAL SPRINGS

◊ CONCHO

◊ DEVILS

◊ GUADALUPE

◊ LAMPASAS

◊ LAVACA

◊ LLANO

◊ MEDINA

◊ NAVASOTA

◊ NAVIDAD

◊ NECHES

◊ NUECES

◊ PECOS

◊ PEDERNALES

◊ RED RIVER

◊ RIO GRANDE

◊ SABINE

◊ TRINITY

The Horse Says Neigh

```
C G R N R O U N D U P Y G H L
N L N H A P T D R E S S A G E
A L D B B B D A M A T E R F I
G N A I B A R A Y O C H N H G
R C F S V H C E C E R I T M N
O S U H P E O K P E L N N T I
M A R T A A G R T M I H D G N
W D V E T A L R S A U Z E G I
Z D M R L I A M P E P J N O E
H L H A J U N C A S M Z T D R
N E G G Q D N G E S A A O H R
A N H U L O N E S T A R N W O
C H I S O L M P S E F K A S D
W H I T E S B O R O B K O H E
O K H T R O W T R O F L P T O
```

◊ ARABIAN

◊ BUTTERFIELD MAIL

◊ CHISOLM TRAIL

◊ CUTTING HORSE

◊ DENTON COUNTY

◊ DRESSAGE

◊ FORT WORTH

◊ HARAS DERBY

◊ HORSEMAN'S RANCH

◊ JUMPER

◊ LAS PALMAS RACE

◊ LONE STAR PARK

◊ MORGAN

◊ PAINT

◊ QUARTER HORSE

◊ RACING

◊ REINING

◊ RETAMA

◊ RODEO

◊ ROUNDUP

◊ SADDLE

◊ STOCK HORSE SHOW

◊ SUGAR SUPERSTARS

◊ WHITESBORO

Mountains, Hills, and Peaks

```
E L D D A S K C A P Y P O N B
L S H U M A R D G D N S R D L
G C I D A V I S L V Y K R Y A
A H A U E M H A A N R S E I N
E I S S W V B S O S I H C N C
K N T I A D I H M I J T O I A
S A M T L G T L R C S K P L F
O T D O E N R E R T I M B K Y
A I F K A L U A M I I U O N Y
E L C A P I T A N N D R N A F
C A P I T O L R D D A G N R U
Y R O M E U A I A N E O E F S
C N Y Z N M A L G B L S L E P
Y Z J D O N H E C M N K L Z J
L H U N T E R F Y O O R B W W
```

- ◊ AMON CARTER
- ◊ ANTHONY'S NOSE
- ◊ BARTLETT
- ◊ CAPITOL MESA
- ◊ CASA GRANDE
- ◊ CERRO CASTELLAN
- ◊ CHINATI
- ◊ CHISOS
- ◊ DAVIS
- ◊ DEVIL RIDGE
- ◊ EAGLE
- ◊ EL CAPITAN

- ◊ EMORY
- ◊ FRANKLIN
- ◊ FRESNO
- ◊ HUNTER
- ◊ INDIAN
- ◊ MITRE
- ◊ MOUNT BONNELL
- ◊ OLD BALDY
- ◊ PACK SADDLE
- ◊ RANGER HILL
- ◊ SHUMARD
- ◊ SIERRA BLANCA

Landscapes and Landforms

```
E L S O L I T A R I O Z V Z V
A T E L D N A H N A P Z G J P
E R E F I U Q A S W F L U M P
E E V A L L E Y I W T H A A T
K S A E Y M Y O O S W W D R M
C E W W O D A C A T S E A T A
S D K A O T S O P D V N L E R
M S T V U A C Z N S S R U K S
A T O F D F Y E B P N J P C H
R A V R L P B N E A U U E I E
I K U U C G H C I Y S R D H L
S E G K I T O N Z A E I U T E
C D Z B D S S F L B L N N J N
A B L A C K L A N D B P I B A
L D N A R G H I L L O E D P C
```

◊ AQUIFER

◊ BASIN AND RANGE

◊ BIG BEND

◊ BIG THICKET

◊ BLACKLAND

◊ COASTAL PLAIN

◊ CROSS TIMBERS

◊ DESERT

◊ EL SOLITARIO

◊ GRAND PRAIRIE

◊ GUADALUPE RANGE

◊ GULF COAST

◊ HILL COUNTRY

◊ LLANO ESTACADO

◊ MARISCAL CANYON

◊ MARSH

◊ PANHANDLE

◊ PINEY WOODS

◊ POST OAK BELT

◊ RIO GRANDE VALLEY

◊ SANTA ELENA

◊ STAKED PLAINS

◊ SWAMP

◊ TRANS PECOS

```
E O E P V J G A H E T D B C S
E N A R R O Y O P T E W U L C
M A O R A U A I K U U S I O O
P R Z T E L L W G O T R N N O
R E Y S S E C A M O T V T C T
E T A A F D R A M N E G S L P
S M F N N T L S L N D A A N E
A Y A A E A N O T D L I D E Y
R S W C R A H I D E E N A U T
I K H R I I O U V B A O M T R
O E T X D N A I A V G D S R E
A P E K E R E S D C Y E O A B
Z T J M N I U G E S V R N L I
H G O N Z A L E S U N F I O L
B C A P R I L S I X T H S L Y
```

◊ <u>ADAMS-ONIS</u> TREATY
◊ <u>ALAMO</u> MISSION
◊ <u>ALCALDE</u>
◊ <u>ANAHUAC</u>
◊ <u>ARROYO</u> HONDO
◊ BATTLE OF <u>VELASCO</u>
◊ <u>COME</u> AND TAKE IT
◊ <u>CONVENTION</u>
◊ <u>CUSTOMS</u> DUTIES
◊ <u>DE UGARTECHEA</u>
◊ <u>EMPRESARIO</u>
◊ <u>FREDONIA</u> REBELS

◊ <u>GONZALES</u>
◊ GOVERNOR <u>FARIAS</u>
◊ LAW OF <u>APRIL SIXTH</u>
◊ <u>LIBERTY</u>
◊ MIER Y <u>TERAN</u>
◊ <u>NEUTRAL</u> GROUND
◊ <u>OLD STONE</u> FORT
◊ <u>SAN FELIPE</u>
◊ ERASMO <u>SEGUIN</u>
◊ <u>TEXIANS</u>
◊ <u>TURTLE</u> BAYOU
◊ <u>TWIN</u> SISTERS

Texas Gifts

```
O C C A B O T O A C A C Y W L
A I O P J B W G Y O P R E A N
V G U I N E A P I G C G K V D
O N Y T H R U B B E R T R E E
C A S S A V A R A B B C U D C
A K A R B B N W E F T H T O G
D C A A D E I O N V Y I A R Y
O S V R M L E T T K L L F H M
A R G J D U O T E T A I S Y P
T H J R K M S G L Y O A S T O
Y U I W A S J K A E U C E A T
S C N T N Y D P R Q H C U P A
E Z O A E A A H S A Z C O K T
C M E B E P T W O Y T V E R O
M B N H R P V A N I L L A H N
```

◊ AVOCADO
◊ BEANS
◊ CACAO
◊ CASHEW
◊ CASSAVA
◊ CHILI PEPPER
◊ CORN
◊ COTTON
◊ GOLD
◊ GRAY SQUIRREL
◊ GUINEA PIG
◊ MUSKRAT

◊ PAPAYA
◊ PEANUT
◊ POTATO BEETLE
◊ RUBBER TREE
◊ SILVER
◊ SQUASH
◊ SWEET POTATO
◊ TOBACCO
◊ TOMATO
◊ TURKEY
◊ VANILLA
◊ WILD RICE

Dallas Sites and Scenes

```
W E O O V Y W K I F D L R O W
O K E E T K N O I N U E R A A
O E G A L L I V M V D O Z U R
Z N K Y D E E P E L L U M D B
S N D N S G A L F X I S H U O
A E A O A I B I S H O P Y B R
L D E R I S X H K M R C S O E
L Y H B B H H T N I G D O N T
A J A S G O K E H D E R U U U
D T U S U K R C R A T M T Y M
T L W V W B L H L I H K H R T
R R O T J J F E I H G K F A T
W U R S N A Y R B L I V O D D
V B C Y J J B O T S L M R E E
V I W F T O R E P V F S K C E
```

◊ ARBOR HILLS

◊ ARBORETUM

◊ ATT STADIUM

◊ AUDUBON CENTER

◊ BISHOP ARTS

◊ BRYAN'S CABIN

◊ BUSH LIBRARY

◊ CEDAR RIDGE

◊ CROW MUSEUM

◊ DALLAS ZOO

◊ DEALEY PLAZA

◊ DEEP ELLUM

◊ FLIGHT MUSEUM

◊ HERITAGE VILLAGE

◊ KATY TRAIL

◊ KENNEDY MEMORIAL

◊ KLYDE WARREN PARK

◊ NASHER SCULPTURES

◊ PEROT NATURE

◊ REUNION TOWER

◊ SIX FLAGS

◊ SIXTH FLOOR

◊ SOUTHFORK RANCH

◊ WORLD AQUARIUM

Raise Your Glass – Part I

```
S C E J F U S A L O C I T E P
H L A G R A N G E P W F I W Z
A M M N S Y K C T E R F L I O
N T A L T A M N P P U O L V S
N F C E R O I K R W U Y U K U
O N X B U P C O L S F I F G W
N A A C E A J A F N F S M S H
S C G N B E T P R E T S E J L
H Z O B C U O H A H O R Z I I
P L R T R H B L N T Y M R B V
L B G B J I K R C A R A A O E
A H J G T C A H O Y T H J L O
N W F T F U E H N S C L A D A
E I E O M P L L I T S K W R K
T R H B A C K Y A R D A A P I
```

◇ ALAMO BEER

◇ ATHENS

◇ BACK PEW

◇ BACKYARD

◇ BITTER SISTERS

◇ BOLD REPUBLIC

◇ BRUTAL BEERWORKS

◇ FRANCONIA

◇ HOP AND STING

◇ JESTER KING

◇ KARBACH

◇ LA GRANGE

◇ LIVE OAK

◇ LONE PINT

◇ PETICOLAS

◇ RAHR AND SONS

◇ ROUGH DIAMOND

◇ SHANNON

◇ SOUTHERN STAR

◇ STILL WHISKEY

◇ TEXAS ALE PROJECT

◇ TEXAS BEER

◇ THIRSTY PLANET

◇ TRUE ANOMALY

```
D H U Z H C S F E G G R B R L
S T I F Y S S I H R E O J T H
D E A T H G B I K E V A N E A
H W M K I C K E R C C I A N Z
O E D V A A O P K K I R L U A
W T I L R T Z C L O T T Z G F
D H H E O T O E N N E U S L F
Y E C D A L G U T C W O T Y I
A N U U G E T N C O T T H A R
E K O C N H I O S T L I G S E
L L A Y E M R N M T E G I S A
E P W R R N B I G O L E M I N
P U W A F F R U D N D O C N T
B F V E M M I G J O Y R B O O
K O D O G F W P O T N I X I F
```

- ◇ ALL GIT OUT
- ◇ ALL HAT NO CATTLE
- ◇ BIG OLE
- ◇ BLESS YOUR HEART
- ◇ COKE
- ◇ CORNFED
- ◇ DEATH WARMED OVER
- ◇ FIRE ANT FRIENDLY
- ◇ FIXIN' TO
- ◇ GIMME
- ◇ GONNA
- ◇ HOWDY

- ◇ I'M SPITTIN' COTTON
- ◇ JACKLEG
- ◇ KICKER
- ◇ MAD AS A WET HEN
- ◇ MIGHT COULD
- ◇ PITCH A HISSY FIT
- ◇ RECKON
- ◇ SHAKE A STICK
- ◇ UGLY AS SIN
- ◇ VARMINT
- ◇ WHOLE NUTHER
- ◇ Y'ALL

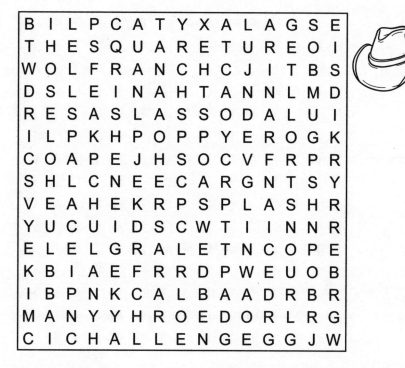

```
B I L P C A T Y X A L A G S E
T H E S Q U A R E T U R E O I
W O L F R A N C H C J I T B S
D S L E I N A H T A N N L M D
R E S A S L A S S O D A L U I
I L P K H P O P P Y E R O G K
C O A P E J H S O C V F R P R
S H L C N E E C A R G N T S Y
V E A H E K R P S P L A S H R
Y U C U I D S C W T I I N N R
E L E L G R A L E T N C O P E
K B I A E F R R D P W E U O B
I B P N K C A L B A A D R B R
M A N Y Y H R O E D O R L R G
C I C H A L L E N G E G G J W
```

◊ ALL THINGS KIDS

◊ BERRY SPRINGS

◊ BLACK BOX BBQ

◊ BLUE HOLE PARK

◊ CEDAR BREAKS PARK

◊ CHALLENGE COURSE

◊ CHRISTMAS STROLL

◊ CIANFRANI COFFEE

◊ DOS SALSAS

◊ DOWNTOWN SPLASH

◊ GALAXY BAKERY

◊ GRACE HERITAGE

◊ GRAPE CREEK WINE

◊ GUMBO'S SEAFOOD

◊ HULA COWGIRL ICE

◊ INNER SPACE CAVE

◊ MIKEY V'S HOT SAUCE

◊ NATHANIEL'S HATS

◊ PALACE THEATRE

◊ POPPY FESTIVAL

◊ RENTSCH BREWERY

◊ RODEO

◊ THE SQUARE

◊ WOLF RANCH

```
T N V J R K T L I B E R T Y I
N U B L I P A M B O A N I M H
E O B N S T F I M C F Y T Z T
K H G O L T C L A Y R L U A A
P L L E R D E D L R E O S F R
I A D A S D I R U K N K B T E
Z C N L M L E C L N T J F E W
W H E E Y P S N L I H M G D F
S J B E W N A V U L N N S N C
L T T U I T N S L O A G N R W
L S R M V W O E A R H D K D V
I Y O E A A K N O S K C N F C
M C F E G S L S E O F J N A H
V J C E A K O D F R S C V O R
B O U H S N F N E W B E L L C
```

◊ BELL

◊ BORDEN

◊ CALHOUN

◊ CLAY

◊ CONCHO

◊ DELTA

◊ ERATH

◊ FORT BEND

◊ HASKELL

◊ KENT

◊ KING

◊ LAMB

◊ LAMPASAS

◊ LIBERTY

◊ LYNN

◊ MASON

◊ MILLS

◊ NEWTON

◊ ORANGE

◊ RANDALL

◊ SCURRY

◊ STERLING

◊ TITUS

◊ UVALDE

Hooray for Houston

```
I E N L L A W R E T A W A I Y
F L I G H T R C Y B T I U L Z
U R E I D O N H U K R C F V C
S D L C T E T F W E I R B F M
X L M H I I F D L T E E E O H
O C K C I A F L L T Y Y E D U
B O S Z L Z A F T V I D R L R
C S L O O G N U A P O D C A R
I B P I U O B E B R W O A K I
S Y E A N O E Y E L G N N E C
U L L A C E Y A P R V O I W A
M I N U T E M A I D G V F O N
S D S G E L G E B H R A P O E
L O U N G E E U H U L N V D N
S R G N P I H S E L T T A B J
```

◊ <u>BATTLESHIP</u> TEXAS

◊ <u>BAYOU</u> BEND

◊ <u>BEATLES</u> STATUES

◊ <u>BEER CAN</u> HOUSE

◊ <u>BUFFALO</u> BAYOU

◊ <u>BUTTERFLY</u> CENTER

◊ CENTURION <u>LOUNGE</u>

◊ DISCOVERY <u>GREEN</u>

◊ <u>DONOVAN</u> PARK

◊ <u>GALLERIA</u>

◊ HOUSTON <u>GRAFFITI</u>

◊ HOUSTON <u>ZOO</u>

◊ <u>HURRICANE</u> HARBOR

◊ <u>LAKEWOOD</u> CHURCH

◊ LONE STAR <u>FLIGHT</u>

◊ <u>MENIL</u> COLLECTION

◊ <u>MINUTE MAID</u> PARK

◊ <u>MUSIC BOX</u> THEATRE

◊ NATURAL <u>SCIENCE</u>

◊ <u>NGR</u> STADIUM

◊ <u>RODEO</u> HOUSTON

◊ <u>ROTHKO</u> CHAPEL

◊ <u>SPACE</u> CENTER

◊ <u>WATER WALL</u>

```
T Y I C V L K S N O C A B C N
I B D J T T E H R A V M M O O
M P Y D H L K O A E U E I U T
R O W P C O A C S N P V K N N
E T N A A F F R H S S P F T I
K S B K Z S S G T D F E I Y L
E T O J N E S O I N S K L K C
S N E L L O A J P E Z S F S
Y A N P R B M V P P I C M A Y
T C A C Y O C H I C K E N R E
U M L S N R Y B R B E N Z M L
A F S D S E L U C R E H Z R L
E O I J R P W G D D I K S O A
B T O U B S Z G M V V P E A V
T O L L N A M Y R I A H G D N
```

◊ AMERICAN <u>BEAUTY</u>

◊ <u>BACON</u>

◊ <u>BOSSY BOOTS</u> DRIVE

◊ <u>BUGGY</u> WHIP

◊ <u>BYPASS</u>

◊ <u>CAN'T STOP</u> STREET

◊ CAPTAIN <u>KIDD</u>

◊ <u>CENTRAL</u>

◊ <u>CHICKEN</u> GRISTLE

◊ <u>CLINTON</u> FIDELITY

◊ <u>COUNTY</u> ROAD

◊ <u>DIAMOND</u> HEAD

◊ <u>FARM ROAD</u>

◊ <u>HAIRY MAN</u>

◊ <u>HANSEL</u> AND GRETEL

◊ <u>HERCULES</u>

◊ <u>KERMIT</u> THE FROG

◊ <u>LOIS LANE</u>

◊ LOST <u>MAPLES</u>

◊ MERCEDES <u>BENZ</u>

◊ <u>RHETT</u> BUTLER

◊ <u>SKIPPERS</u> HELM

◊ <u>TOLL</u>

◊ <u>VALLEY</u> FORGE

Civil War Years

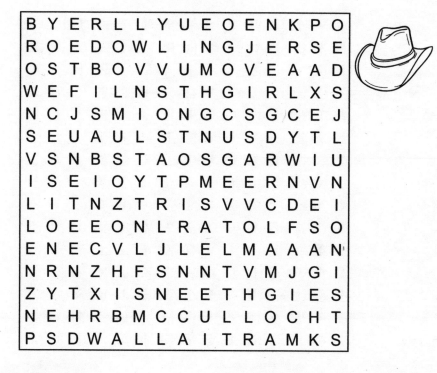

```
B Y E R L L Y U E O E N K P O
R O E D O W L I N G J E R S E
O S T B O V V U M O V E A A D
W E F I L N S T H G I R L X S
N C J S M I O N G C S G C E J
S E U A U L S T N U S D Y T L
V S N B S T A O S G A R W I U
I S E I O Y T P M E E R N V N
L I T N Z T R I S V V C D E I
L O E E O N L R A T O L F S O
E N E C V L J L E L M A A A N
N R N Z H F S N N T V M J G I
Z Y T X I S N E E T H G I E S
N E H R B M C C U L L O C H T
P S D W A L L A I T R A M K S
```

◊ BROWNSVILLE

◊ EDWARD CLARK

◊ COTTON DIPLOMACY

◊ RICHARD DOWLING

◊ EIGHTEEN SIXTY

◊ GALVESTON

◊ THOMAS GREEN

◊ GUNPOWDER MILL

◊ IRISH DAVIS GUARDS

◊ ALBERT S. JOHNSTON

◊ JUNETEENTH

◊ ABRAHAM LINCOLN

◊ MARTIAL LAW

◊ BEN MCCULLOCH

◊ PALMITO RANCH

◊ SABINE PASS

◊ SECESSION

◊ SARAH SCHULL

◊ HENRY H. SILBEY

◊ SLAVERY

◊ STATES' RIGHTS

◊ TERRY'S RANGERS

◊ TEXAS REGIMENT

◊ UNIONISTS

```
J P E A N E S O R L E M N C F
N R S D W I L M A R Q U I S R
N E U O B Y T A A W I Y R I I
E S O L L I K S I R D Y E U Z
M I H P I G O N E A U P L L H
K D E H Y N B O M W M O T N Z
E I E U E G M C I U U N A A E
Y O R S F L A Y L Y Y A T S N
C W T Y A Z N L Y U D C S K A
N A M R B C S M V O F A U J I
E R F E S L I Z O E Z G H U D
G P O S N O O T D O Z B B S N
E M U M N G N V H D D S Y O I
R C R E S C E N T T A Y H N S
A N A T O L E R J K D V Z G H
```

◊ ADOLPHUS

◊ ANATOLE

◊ CANOPY TREEHOUSE

◊ CRESCENT COURT

◊ DRISKILL

◊ EMILY MORGAN

◊ FOUR SEASONS

◊ GRAND HYATT

◊ HOTEL GALVEZ

◊ HYATT REGENCY

◊ INDIAN LODGE

◊ MARRIOTT MARQUIS

◊ MENGER

◊ MOODY GARDENS

◊ MORN CITI CENTRE

◊ OMNI LA MANSION

◊ PRESIDIO LA BAHIA

◊ ROYAL SONESTA

◊ SAN LUIS RESORT

◊ SHADY VILLA HOTEL

◊ STATLER

◊ TREEHOUSE

◊ WARWICK MELROSE

◊ WESTIN GALLERIA

```
E S V E S Y O B D L O G I M A
P E A Y U O A V A G O P G Y U
A V L B K K E L C N J O J O B
H A L D G K F O C O M I G L L
N R E O C P M A I S J N R D A
M G Y O V A S Y R P A T I Y C
A B L G N A R A Y I C S O E K
E W I C R V T W V G K Z R L B
R Y H E V S J Y K K S B D L U
D E S B E A S L E Y O I A E R
S A B N R T Y L J O N E N R N
V U O B I A T R A T H E R R K
J L K R A O Y S R V O V G O U
E V O D N A E S O T H I R T Y
C S Y R T R U M C M Z Z A J D
```

◊ *AMERICAN <u>DREAM</u>*

◊ *<u>AMIGO</u> LAND*

◊ GERTRUDE <u>BEASLEY</u>

◊ LYLE <u>BLACKBURN</u>

◊ *<u>BRAY</u> ROAD IS EAST*

◊ OSCAR <u>CASARES</u>

◊ *<u>COMANCHES</u>*

◊ *DECISION <u>POINTS</u>*

◊ FRED <u>GIPSON</u>

◊ *<u>GOODBYE</u> TO A RIVER*

◊ JOHN <u>GRAVES</u>

◊ PERCY <u>JACKSON</u>

◊ ELMER <u>KELTON</u>

◊ ATTICA <u>LOCKE</u>

◊ *LONESOME <u>DOVE</u>*

◊ *<u>LONESTAR</u> NATION*

◊ LARRY <u>MCMURTRY</u>

◊ *MY FIRST <u>THIRTY</u>*

◊ *OLD <u>YELLER</u>*

◊ DAN <u>RATHER</u>

◊ RICK <u>RIORDAN</u>

◊ *THE GOOD <u>OLD BOYS</u>*

◊ *THE <u>ROAD</u>*

◊ *THE <u>VALLEY</u>*

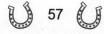

Musicians

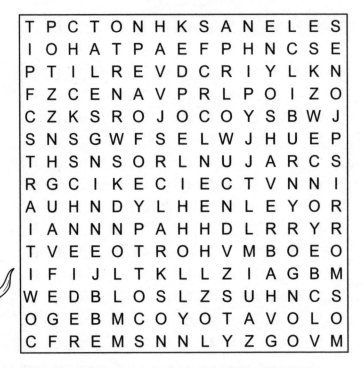

```
T P C T O N H K S A N E L E S
I O H A T P A E F P H N C S E
P T I L R E V D C R I Y L K N
F Z C E N A V P R L P O I Z O
C Z K S R O J O C O Y S B W J
S N S G W F S E L W J H U E P
T H S N S O R L N U J A R C S
R G C I K E C I E C T V N N I
A U H N D Y L H E N L E Y O R
I A N N P A H H D L R R Y R
T V E E O T R O H V M B O E O
I F I J L T K L L Z I A G B M
W E D B L O S L Z S U H N C S
O G E B M C O Y O T A V O L O
C F R E M S N N L Y Z G O V M
```

◊ BEYONCE

◊ KELLY CLARKSON

◊ VAN CLIBURN

◊ FREDDY FENDER

◊ KINKY FRIEDMAN

◊ SHAKEY GRAVES

◊ DON HENLEY

◊ BUDDY HOLLY

◊ WAYLON JENNINGS

◊ GEORGE JONES

◊ JANIS JOPLIN

◊ ESTEBAN JORDAN

◊ DEMI LOVATO

◊ LYLE LOVETT

◊ MAREN MORRIS

◊ WILLIE NELSON

◊ ROY ORBISON

◊ BOB SCHNEIDER

◊ SELENA

◊ BILLY JOE SHAVER

◊ GEORGE STRAIT

◊ THE CHICKS

◊ STEVIE RAY VAUGHN

◊ ZZ TOP

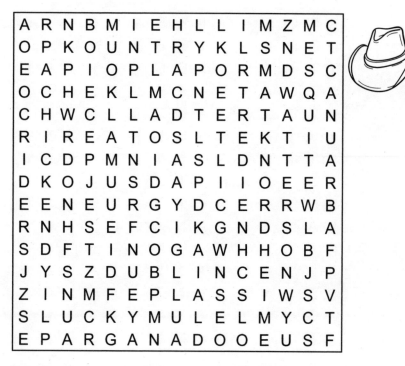

```
A R N B M I E H L L I M Z M C
O P K O U N T R Y K L S N E T
E A P I O P L A P O R M D S C
O C H E K L M C N E T A W Q A
C H W C L L A D T E R T A U N
R I R E A T O S L T E K T I U
I C D P M N I A S L D N T T A
D K O J U S D A P I I O E E R
E E N E U R G Y D C E R R W B
R N H S E F C I K G N D S L A
S D F T I N O G A W H H O B F
J Y S Z D U B L I N C E N J P
Z I N M F E P L A S S I W S V
S L U C K Y M U L E L M Y C T
E P A R G A N A D O O E U S F
```

◊ APPELT HILL

◊ BRAUN HALL

◊ CEDAR CREEK

◊ CHICKEN RANCH

◊ CRIDER'S RODEO

◊ DUBLIN COMMUNITY

◊ GRAPE TOWN

◊ GRUENE HALL

◊ KJT HALL GANADO

◊ LONDON DANCE HALL

◊ LUCKY MULE

◊ MESQUITE

◊ MILLHEIM

◊ NEON BOOTS SALOON

◊ NORDHEIM

◊ REO PALM ISLE

◊ SCHNEIDER

◊ SISTERDALE

◊ SWISS ALP

◊ TOM SEFCIK

◊ TWIN SISTERS

◊ WAGON WHEEL

◊ WATTERSON

◊ WESTERN KOUNTRY

```
S P O H S I B Y S T A R R I G
U S P T H U V D S I T I P M T
Y E R A I L R O A D E K A R F
L A V A N V N O H S F B O W B
U W R A U O Y M T I I P Z D F
I A D R T S Y A S H A S N N S
S L P H T G T H L E S N R E J
Z L S R A E I P S E A A A T B
B A A L P N L P T Y T W P S O
L N V A G E R T R S O I N A L
D E R S A Y I B E L R N K E I
Z K W S D F E N F A Z P J C V
B Z U Y A H O K T E D Y M G A
W R L L T L N E E T E N I N R
E M U E S U M T R E A S U R E
```

◊ ASHTON VILLA

◊ BISHOPS PALACE

◊ BOLIVAR FERRY

◊ BRYAN MUSEUM

◊ BURIED TREASURE

◊ EAST END DISTRICT

◊ FISHING PIER

◊ HISTORIC SEAPORT

◊ HOTEL GALVEZ

◊ ISLAND STATE PARK

◊ JEAN LAFITTE

◊ LONE STAR FLIGHT

◊ MOODY GARDENS

◊ NAVAL MUSEUM

◊ OCEAN STAR RIG

◊ PIER NINETEEN

◊ PIRATE

◊ PLEASURE PIER

◊ RAILROAD MUSEUM

◊ SEA WOLF PARK

◊ SEAWALL BEACH

◊ STRAND DISTRICT

◊ TALL SHIP ELYSSA

◊ THE BRYAN

Money Talks

```
F C E C H U S S R S R F H U N
D E W T A T D U R K M S O O S
B J I I G U Y O I I U W T G R
S M Z H J T S B T B E L V F V
S E L O C V D T L L A H P Y T
A S N E Y V N A I W N S I E G
N E A T S V E O R N A M P K R
S V U B R B D B U R B E E R E
C Y U A T N B U U N U T L A D
R I I B A N K I N G C S I T N
U U T T C L J E Z A S Y N S I
D F R O L C O W B O Y S E F K
E A M E M E S R E T U P M O C
A K D O V N T R A M L A W D S
V S R O W L I N G T U C R E H
```

◊ ART AND OIL

◊ BILL AUSTIN

◊ BANKING

◊ BASS BROTHERS

◊ ANDRE W. BEAL

◊ GEORGE BUSH

◊ CHIEF OIL AND GAS

◊ COMPUTERS

◊ CRUDE OIL

◊ MARK CUBAN

◊ DALLAS COWBOYS

◊ DAN DUNCAN HEIRS

◊ DATA SYSTEMS

◊ MICHAEL DELL

◊ GAS PIPELINE

◊ JERRY JONES

◊ RICHARD KINDER

◊ OMNI HOTEL CHAIN

◊ ROBERT ROWLING

◊ ROBERT SMITH

◊ STARKEY HEARING

◊ TITO'S VODKA

◊ ALICE WALTON

◊ WALMART

```
C Z C J A H S T E L D D I M N
T U R T A Z P O R T S A B Y A
N O U N U M A I O T I F R I O
U L M A N G E D C T A H F Y N
D O I M D V O S I S E J W B R
P B K H Z T Z D C A Z L Y I T
M I A C D Y E O E B S T O G U
I C W A Z I F H O I I D W C N
S L I B A F C V U N R U K O L
S W C I E P G K I A K I L W A
I C H E D D A R I L C A A R W
O K I O W A T L O N N A E R B
N E T R U H P L U S S O N M P
C G A S W H Z E T X Z O S A B
K P E A S E R E T S Y O N L M
```

◊ BACHMAN BRANCH
◊ BASTROP BAYOU
◊ BIG COW CREEK
◊ CIBOLO
◊ COFFEE MILL
◊ COLETO
◊ DICKINSON
◊ EAST FORK TRINITY
◊ FRIO RIVER
◊ JAMES
◊ KIOWA
◊ MIDDLE CONCHO

◊ MISSION
◊ NOLAN
◊ NORTH WICHITA
◊ OYSTER
◊ PALUXY
◊ PEASE
◊ PRAIRIE DOG TOWN
◊ SABINAL
◊ SULPHUR
◊ TEHUACANA
◊ WALNUT BRANCH
◊ WHITE

Eras

```
W O R L D W A R I I H I F J O
C K E T A T S R E T N I Z I U
C A T T L E R N I A F S L S S
L A I N O L O C T T D B U G T
N N W C C T I I I A O Z N D C
O O J D T L V E O O W O R O P
I I D O B E S R M S I W N O S
S S C U A L L P E T C T G N U
S S P I O I R I A M A I K A N
E E F M A Z T X V C G L V C B
R C I R W N E L T Y E V Z I E
P C R W E N L F I G A R S H L
E K S W N A T I O N A L A C T
D D T A H C E T H G I H P C S
N A I D N I R A N C H I N G E
```

◊ AGE OF <u>CONTACT</u>

◊ <u>ANNEXATION</u>

◊ <u>CATTLE</u> VS SHEEP

◊ <u>CHICANO</u>

◊ <u>CIVIL</u> RIGHTS

◊ FABULOUS <u>FIFTIES</u>

◊ <u>FIRST</u> WORLD WAR

◊ GREAT <u>DEPRESSION</u>

◊ <u>HIGH TECH</u>

◊ <u>INDIAN</u> WARS

◊ <u>INTERSTATE</u>

◊ KING <u>COTTON</u>

◊ MEXICAN <u>CESSION</u>

◊ MEXICAN <u>NATIONAL</u>

◊ <u>NATIVE</u> AMERICAN

◊ <u>OIL BOOM</u>

◊ <u>RAILROADS</u>

◊ <u>RANCHING</u>

◊ <u>REPUBLIC</u> OF TEXAS

◊ ROARING <u>TWENTIES</u>

◊ <u>SPACE RACE</u>

◊ SPANISH <u>COLONIAL</u>

◊ <u>SUNBELT</u>

◊ <u>WORLD WAR II</u>

Job Hopping

```
J H S J C P E N N E Y M L Z D
D E T T S L N O X X E T D N J
N M T A D O A A I G S R U A J
T Q A I O C R I A K P H C C T
U U L O S E M C E U O E E A
H A U O F Y L F P O B K N L L
A N R R E S L P R S S E B A L
Z T E E L B E O F I T L P H I
Z A Z D O R K T R O T R A U A
I H Y D H I U S N U X O T W N
P U E Z W N S E A E R C L W C
B L U A S K V M R L P I O A E
L U T O R E P A D P L H J N Y
O Y V I S R D G O O J Y L H N
H E B G R O C E R Y Z H W E C
```

◊ ALLIANCE DATA

◊ ATT

◊ BRINKER

◊ DELL COMPUTERS

◊ DR PEPPER SNAPPLE

◊ EXXON MOBIL

◊ FOXCONN ASSEMBLY

◊ FRITO LAY

◊ GAMESTOP

◊ H-E-B GROCERY

◊ JACOBS ENGINEERS

◊ JCPENNEY

◊ KELLER WILLIAMS

◊ PEROT SYSTEMS

◊ PIZZA HUT

◊ QUANTA SERVICES

◊ SALLY BEAUTY

◊ SEVEN ELEVEN

◊ SHELL PETROLEUM

◊ SOCIAL SECURITY

◊ SYSCO

◊ TAILORED BRANDS

◊ TENET HEALTHCARE

◊ WHOLE FOODS

```
E N I H P E S O J N Y Z C N W
Y N J G A V U T B O H T K N Z
W R A W R S H E R M A N G S D
U H S E T B U N S Y C G R U M
Y L P N I Z I I G A R L A N D
I E A A S O A T O P F H E N
U E R U C N S R M K P D A V B
O Y Y B D U S O A G V D M F N
M D T T U I S L R Q U A N A H
P O B J L A S S I L E M G N H
A D R L E N L N O A A L I C E
N K A T W I N O N A N E L L A
T W F M O W E S T O N D Y D I
O L R U O N A G N D W S E Z N
N Z V H E N R I E T T A W N K
```

◊ ALICE

◊ ALLEN

◊ ANTON

◊ AUBREY

◊ DAMON

◊ EDNA

◊ GARLAND

◊ GRAHAM

◊ HENRIETTA

◊ JASPAR

◊ JOSEPHINE

◊ LORAINE

◊ MARION

◊ MELISSA

◊ MORTON

◊ PARTIS

◊ QUANAH

◊ ROSS

◊ SHERMAN

◊ TYE

◊ VENUS

◊ WALLIS

◊ WESTON

◊ WINONA

```
R O T R U A S O N I D Y R A W
R I M D O I K V K V T E H L E
K N A E D O A U L T S N E O M
B H P V S U P N A A A N I F F
P U L I Y Y M A C P N I G F S
G J E L K U E A K U D K D E O
N K S S S L N T C H C R N U
A R J S C A D D O G I M E R T
T C O L C H L O O H L K N E H
S P B Y A O E O H D L Y R H L
U Z I U P O S R S C S V A T L
M L A I R E A R E L Y W G O A
B A R T O N I S A J E T R M N
T H U E C O I N O K A W A T O
F R G P K F O R T B O G G Y C
```

- ◊ BARTON WARNOCK
- ◊ BUESCHER
- ◊ CADDO LAKE
- ◊ CAPROCK CANYON
- ◊ DEVILS RIVER
- ◊ DINOSAUR VALLEY
- ◊ FORT BOGGY
- ◊ GARNER
- ◊ GOOSE ISLAND
- ◊ HONEY CREEK
- ◊ HUECO TANKS
- ◊ KICKAPOO CAVERN

- ◊ LAKE TAWAKONI
- ◊ LOST MAPLES
- ◊ MCKINNEY FALLS
- ◊ MISSION TEJAS
- ◊ MONAHANS SANDHILLS
- ◊ MOTHER NEFF
- ◊ MUSTANG ISLAND
- ◊ OLD TUNNEL
- ◊ POSSUM KINGDOM
- ◊ RESACA DE LAS PALM
- ◊ SOUTH LLANO RIVER
- ◊ WYLER AERIAL

Facts and Figures

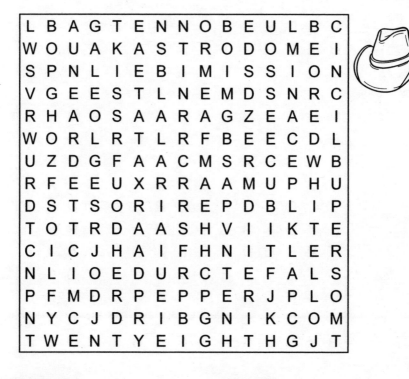

```
L B A G T E N N O B E U L B C
W O U A K A S T R O D O M E I
S P N L I E B I M I S S I O N
V G E E S T L N E M D S N R C
R H A O S A A R A G Z E A E I
W O R L R T L R F B E E C D L
U Z D G F A A C M S R C E W B
R F E E U X R R A A M U P H U
D S T S O R I R E P D B L I P
T O T R D A A S H V I I K T E
C I C J H A I F H N I T L E R
N L I O E D U R C T E F A L S
P F M D R P E P P E R J P L O
N Y C J D R I B G N I K C O M
T W E N T Y E I G H T H G J T
```

- ◊ ARMADILLO
- ◊ ASTRODOME
- ◊ AUSTIN
- ◊ BLUEBONNET
- ◊ BUC-EE'S
- ◊ CAPITAL BUILDING
- ◊ CRUDE OIL
- ◊ DR PEPPER
- ◊ LIGHTNING WHELK
- ◊ LONESTAR
- ◊ MISSION CONTROL
- ◊ MOCKINGBIRD

- ◊ MOHAIR
- ◊ MOSS ROSES
- ◊ PECAN
- ◊ RED, WHITE, AND BLUE
- ◊ REPUBLIC
- ◊ RODEO
- ◊ SECOND LARGEST
- ◊ SIEGE OF THE ALAMO
- ◊ SIX FLAGS
- ◊ TOP FIVE FOR WINE
- ◊ TWENTY EIGHTH
- ◊ URBAN BAT COLONY

```
O D O E S D R A W D E N A O N
U M C R L I Z R Y D E H I G H
L L I H U P S A L L A D G Y M
D A K T O D A H K Z S N R P E
N F T P N S O S K C T P A Y X
E L N S S E F L O R T I N A I
B G K O A T M L A O E Y D N C
G D R A C O L P T P X S Z A O
I C E U O E C E R S A C U K T
B B D F G T T Z B A S L F R H
H P L E D T S E W N C L S A I
T I A I Y R C O R P U S Z X C
L N N G B P Y R P G I S E E K
E E D B L A C K L A N D L T E
G Y S Z S A X E T H T U O S T
```

◊ BIG BEND

◊ BIG THICKET

◊ BLACKLAND

◊ COASTAL BEND

◊ COLLEGE STATION

◊ CORPUS CHRISTI

◊ CROSS TIMBERS

◊ DALLAS

◊ EAST TEXAS

◊ EDWARDS PLATEAU

◊ EL PASO

◊ ESCARPMENT

◊ GRAND PRAIRIE

◊ GULF COASTAL PLAIN

◊ GULF OF MEXICO

◊ HIGH PLAINS

◊ HILL COUNTRY

◊ PALO DURO CANYON

◊ PINEY WOODS

◊ POST OAK BELT

◊ REDLANDS

◊ SOUTH TEXAS

◊ SUNBELT

◊ TEXARKANA

```
O W G E D Y L P I O N E E R B
D P F E G A L L I V B U H L E
I C U E G S U M M E R S U S M
L Z V E P L A Z A Y B E Q O I
N D R A P M A K L M S U Z A L
E Y R K O L W O B E I V O M L
D I C P R R O O L R S X D A E
S I R D E K E J E D C O L N N
N Y H V D Y Y C C W T F R S N
O V T H L L V Z I W R O O I I
I O E D E I I W H T A Y W O U
L D L P T H G I L S A G E N M
T H O N T S R F E F M L N M E
U N I V E R S I T Y S J O E P
V S V J R A T A F V W N V H R
```

◊ ESQUIRE

◊ FOX FINE ARTS

◊ GASLIGHT BAKER

◊ GLADEWATER OPRY

◊ HOUSE OF BLUES

◊ LIDO ADULT

◊ LION'S DEN

◊ LOOK DINE IN

◊ MILLENNIUM

◊ MOVIE BOWL GRILLE

◊ OLD TOWNE

◊ ONE WORLD THEATRE

◊ PARIS COMMUNITY

◊ PIONEER HALL

◊ PLAZA ARTS CENTER

◊ RECITAL STUDIO

◊ RED LETTER

◊ REGAL CIELO VISTA

◊ SUMMER MUMMERS

◊ THE MANSION

◊ UNIVERSITY PARK

◊ VILLAGE

◊ VIOLET CROWN

◊ WAGNER NOEL

```
P S G N R I L D E F O N S O B
V F C W E L A P O S T O L V T
O M I S I T N A S E G S J H C
I N L R V J E A L T Y O M S V
C L O C A V S S J N S W O A D
A V H I X P C D W E J W L J E
N H T T C R K H U M R C O E V
G L A O U P V A M E S A R T A
Y E C Z G I E M U L U O E S L
I E S P A D A C N C P C N O E
P U E B L O S E N O R A Z L R
G U A D A L U P E O O D O E O
Y E H W H J U A N S C U U D S
A G U S T I N K A N T O N I O
S E R O L O D A D I V A N A L
```

- ◊ CATHOLIC CHURCH
- ◊ CONCEPCION
- ◊ CORPUS CHRISTI
- ◊ DE LOS TEJAS
- ◊ DE VALERO
- ◊ DOLORES DEL RIO
- ◊ EL APOSTOL
- ◊ ESPADA
- ◊ GUADALUPE
- ◊ LA NAVIDAD
- ◊ SAN AGUSTIN
- ◊ SAN ANTONIO

- ◊ SAN CLEMENTE
- ◊ SAN ILDEFONSO
- ◊ SAN JOSE
- ◊ SAN JUAN
- ◊ SAN LORENZO
- ◊ SANTISIMO
- ◊ SAN XAVIER
- ◊ SAN YGNACIO
- ◊ SANTA CRUZ
- ◊ SENORA DEL REFUGIO
- ◊ XAVIER DE NAJERA
- ◊ YSLETA SUR PUEBLO

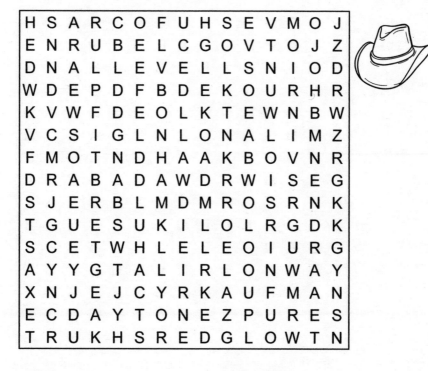

H	S	A	R	C	O	F	U	H	S	E	V	M	O	J
E	N	R	U	B	E	L	C	G	O	V	T	O	J	Z
D	N	A	L	L	E	V	E	L	L	S	N	I	O	D
W	D	E	P	D	F	B	D	E	K	O	U	R	H	R
K	V	W	F	D	E	O	L	K	T	E	W	N	B	W
V	C	S	I	G	L	N	L	O	N	A	L	I	M	Z
F	M	O	T	N	D	H	A	A	K	B	O	V	N	R
D	R	A	B	A	D	A	W	D	R	W	I	S	E	G
S	J	E	R	B	L	M	D	M	R	O	S	R	N	K
T	G	U	E	S	U	K	I	L	O	L	R	G	D	K
S	C	E	T	W	H	L	E	L	E	O	I	U	R	G
A	Y	Y	G	T	A	L	I	R	L	O	N	W	A	Y
X	N	J	E	J	C	Y	R	K	A	U	F	M	A	N
E	C	D	A	Y	T	O	N	E	Z	P	U	R	E	S
T	R	U	K	H	S	R	E	D	G	L	O	W	T	N

◊ AURORA

◊ BONHAM

◊ CLEBURNE

◊ DAYTON

◊ KATY FREEWAY

◊ GLOWING EGGS

◊ KAUFMAN COUNTY

◊ JASON LEE

◊ LEVELLAND

◊ LUBBOCK LIGHTS

◊ MARS CANALS

◊ MILANO

◊ MOON MEN

◊ NED

◊ RED GLOW

◊ RICKY SORRELS

◊ STALKER MAP

◊ TEXAS TECH

◊ UFO CRASH

◊ VAN ALSTYNE

◊ RICHARD WALL

◊ WHITE LIGHTS

◊ WINDMILL

◊ WISE COUNTY

Presidential Texas

```
P S S V O T I N G R I G H T S
A T A I R G U A R D Z P A B R
S H L H N R R W S S L R I E N
S G L V N E G C F V C L C Y Y
A I A J G G W A M O A H K T R
S R D O O N W R M V C A O C A
S L O H I A A E A T A H R O S
I I L N T R D N S W T N E M L
N V Y S R W A I R T F L A A Y
A I D O L E R Q A O P L N Z B
T C E N P O V T W T B O U E F
I J N F R C A O V A H U I G K
O V N R S P O S G N R L S N L
N M E S A V B C A J O F Y H T
E T K Z Z V I E T N A M N Y G
```

◊ AIR GUARD PILOT

◊ ARMY GENERAL

◊ ASSASSINATION

◊ BUSH DAD AND SON

◊ CIA DIRECTOR

◊ CIVIL RIGHTS ACT

◊ DALLAS

◊ DEMOCRAT

◊ GOVERNOR OF TEXAS

◊ GULF WAR

◊ IRAQ WAR

◊ LYNDON B. JOHNSON

◊ JOHN F. KENNEDY

◊ KOREAN WAR

◊ NASA SPACE RACE

◊ NATO COMMANDER

◊ NAVAL AVIATOR

◊ RANGER BASEBALL

◊ SCHOOL TEACHER

◊ TERRORIST ATTACK

◊ VIETNAM

◊ VOTING RIGHTS ACT

◊ WEST POINT

◊ ZAPATA PETROLEUM

```
S C N Y T I N I R T K L B M K
L A R R A P A H C N D O K B G
L U C O N C H O H O A L V I P
L B S T S F A C U I N D R G O
I O G L T S A L S S A S E C S
H H S T L M T O Y S P E T E S
B T L T P E U I A I E T H D U
O M T I O T W L M M A T G A M
N R O E H A A L M B K L U R B
K N E B K D K D A Y E E A O R
R A E B O C N N Y R N R L D U
V L G F R A I Y D U E S S E S
T J H U M A W P E N P N G L H
I S L R L P Y H I W C W I A Y
R G A K S F O S P C N U S M P
```

- ◊ ARMAND BAYOU
- ◊ BEAR CREEK
- ◊ BIG CEDAR
- ◊ BRAYS BAYOU
- ◊ BRUSHY CREEK
- ◊ CAMPION
- ◊ CHAPARRAL
- ◊ CONCHO RIVERWALK
- ◊ CROSS TIMBERS
- ◊ DANA PEAK
- ◊ GULF TERRACE
- ◊ KNOB HILL

- ◊ LAKE MINERAL WELLS
- ◊ LOST OAK
- ◊ MAYDE CREEK
- ◊ MISSION TRAIL
- ◊ OLD SETTLERS
- ◊ PARKS OF ALEDO
- ◊ PICKETT
- ◊ POSSUM KINGDOM
- ◊ SALADO CREEK
- ◊ SLAUGHTER
- ◊ SOUTH BELT
- ◊ TRINITY TRAILS

Texas Eats

```
L L I M T S I R G S J P U B S
Y R E G R U B Y L L I W R L R
N P L U C K E R S C G E D A A
I R T S T N I T K L P U B C A
R F O M Y J I E L U M W H K M
A J V C L D T S E L W U S S H
Z A A L P O U L D U Y C L D F
F U U S R O F R F S I I C R W
E P S C O F P N A X E T G I B
E C H H A N C S I F W O C B K
M Y A W I T S J P D I N H E S
S V E B D O H Y C O E P I E H
H U B C A P L I C K P Y L R K
C H I L A N T R O O I H I F M
O K C V I S A S Y Z T Y S F G
```

◊ BLACKS BBQ
◊ BIG TEXAN
◊ CHILIS
◊ CHI'LANTRO
◊ CHUY'S TEX MEX
◊ FREEBIRDS
◊ GRISTMILL
◊ HUBCAP GRILL
◊ HYPNOTIC DONUTS
◊ JASON'S DELI
◊ LICK ICE CREAM
◊ LULU'S BAKERY

◊ LUPE TORTILLA
◊ MAAR'S PIZZA
◊ PEI WEI
◊ PICKET HOUSE
◊ PLUCKERS
◊ POPS POPCORN
◊ RUDY'S COUNTRY
◊ SUSHI ZUSHI
◊ TACO CABANA
◊ TORCHY'S TACOS
◊ WAFFLE BUS
◊ WILLY BURGER

Let's Go Shopping

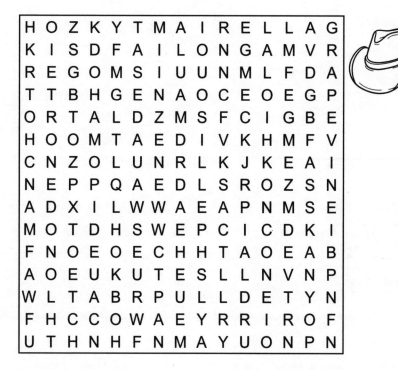

```
H O Z K Y T M A I R E L L A G
K I S D F A I L O N G A M V R
R E G O M S I U U N M L F D A
T T B H G E N A O C E O E G P
O R T A L D Z M S F C I G B E
H O O M T A E D I V K H M F V
C N Z O L U N R L K J K E A I
N E P P Q A E D L S R O Z S N
A D X I L W W A E A P N M S E
M O T D H S W E P C I C D K I
F N O E O E C H H T A O E A B
A O E U K U T E S L L N V N P
W L T A B R P U L L D E T Y N
F H C C O W A E Y R R I R O F
U T H N H F N M A Y U O N P N
```

◊ ANTIQUE ALLEY

◊ BUC-EE'S

◊ CAKEWALK STYLE

◊ CANTON TRADE DAYS

◊ DOLLY PYTHON

◊ FIREWHEEL

◊ FOX PLAZA MARKET

◊ GRAPEVINE MILLS

◊ HIGHLAND PARK

◊ HOUSTON GALLERIA

◊ JAMES AVERY

◊ KENDRA SCOTT

◊ LA PLAZA MCALLEN

◊ LUCCHESE BOOTS

◊ MAGNOLIA SILOS

◊ MALL DE NORTE

◊ MANCHOT

◊ MARKET SQUARE

◊ NEIMAN MARCUS

◊ NORTHPARK MALL

◊ ROUNDTOP

◊ SOUTH CONGRESS

◊ THE DOMAIN AUSTIN

◊ THE WOODLANDS

```
P G S D C A V E N D E R S R F
I N P A R T J I Y F T G A N E
Z I G J S P Z M Z D S E H S L
Z M Y F A S E J G D W A X G R
A O T I R F H P O F B O L A Z
H C E C I K S O P R R N H L S
U E Z U U P F E E E O U L F K
T M R V Q E F T M C R O H X G
M O U B L I T T O C S D M I F
A H C O E I T N B U C E E S D
R J H M L R A N S T I W V L O
C W A H I B T R A T S E N O L
U M C M W O L F B R A N D A H
S S P D E S O U T H W E S T T
H L P I H S J D E S H I N E R
```

◊ BLUE BELL

◊ BUC-EE'S

◊ CAVENDER'S

◊ DELL COMPUTERS

◊ DR. PEPPER

◊ FRITO PIE

◊ HERBERT MARCUS

◊ HOMECOMING MUM

◊ HOWDY Y'ALL

◊ JAMES AVERY

◊ KENDRA SCOTT

◊ LONE STAR BEER

◊ NOCONA BOOTS

◊ NEIMAN MARCUS

◊ PIZZA HUT

◊ ROUND TOP ANTIQUE

◊ SAS SHOE FACTORY

◊ SCHLITTERBAHN

◊ SHINER BEER

◊ SIX FLAGS

◊ SOUTHWEST AIR

◊ TEXAS INSTRUMENTS

◊ WHOLE FOODS

◊ WOLF BRAND CHILI

In Vino Veritas – Part I

A	N	W	A	F	B	O	E	E	M	L	C	T	D	E
H	A	E	I	A	D	E	R	E	K	C	E	H	C	L
Y	E	D	R	S	Y	M	K	O	B	I	J	E	H	T
A	A	T	A	K	A	G	U	S	R	E	G	J	Y	K
G	O	A	G	C	M	L	E	I	B	R	L	D	C	M
N	L	C	N	D	I	T	A	Y	S	M	S	L	N	A
I	W	O	I	D	A	C	M	K	E	Y	O	K	D	A
Z	N	R	S	Y	E	L	E	S	J	J	L	E	S	L
A	A	K	S	P	I	E	S	S	I	H	G	E	I	A
L	N	T	I	H	I	I	S	N	T	A	T	Z	R	M
B	N	H	K	G	N	N	I	D	V	A	A	R	H	O
B	E	I	H	A	B	B	O	I	L	S	C	M	C	S
H	R	S	H	O	M	A	N	S	Z	I	G	A	D	A
R	B	O	C	A	L	H	O	U	Y	V	W	G	D	D
S	F	Z	G	U	O	Y	F	A	T	A	S	S	S	O

◊ ADEGA VINHO

◊ ALAMOSA

◊ BARTON CREEK

◊ BELL MOUNTAIN

◊ BLAZING BARRELS

◊ BRENNAN

◊ CHECKERED PAST

◊ CICADA CELLARS

◊ CORK THIS

◊ ELYSIUM

◊ FAT ASS RANCH

◊ FAWN CREST

◊ GAMBINI FAMILY

◊ HILMY

◊ HOLY ARCHANGELS

◊ KALASI

◊ KISSING TREE

◊ LLANO ESTACADO

◊ LOS PINOS

◊ MESSINA HOF

◊ RON YATES

◊ SLATE MILL

◊ WILDSEED FARM

◊ WILLIAM CHRIS

Tiny Towns

```
Z E O Y Y D N A S G R C N R S
V E Z L A T I S L U T A L C C
T T K L T T F A L C O N Z J I
O O M O G N D A R N S T U D Y
O Y L J D F V A L I C E U E M
F O A Z Z O N D B U G R E L I
G C S I D F O Y E U G F C A E
I C P N I O P V P O F W O R O
B L A L W P I R V O K F Y G H
A S L P A T U N C E R T A I N
C S M H A V A K G C K L N L P
C A A S U G S Y J W W O O K O
C A S A U G N I L R E T S V B
V A L E N T I N E O O W A C T
R P I M S P O F F O R D G E Z
```

- ◊ ALICE ACRES
- ◊ BIGFOOT
- ◊ BUFFALO GAP
- ◊ CAMP WOOD
- ◊ COFFEE CITY
- ◊ COYANOSA
- ◊ COYOTE FLATS
- ◊ CRANFILLS GAP
- ◊ CUEVITAS
- ◊ FALCON MESA
- ◊ HAPPY
- ◊ JOLLY

- ◊ LAGO VISTA
- ◊ LAS PALMAS
- ◊ MOUNT CALM
- ◊ SANDOVAL
- ◊ SANDY POINT
- ◊ SPOFFORD
- ◊ STUDY BUTTE
- ◊ TAYLOR
- ◊ TERLINGUA
- ◊ TULSITA
- ◊ UNCERTAIN
- ◊ VALENTINE

Hike-n-Bike Trails – Part II

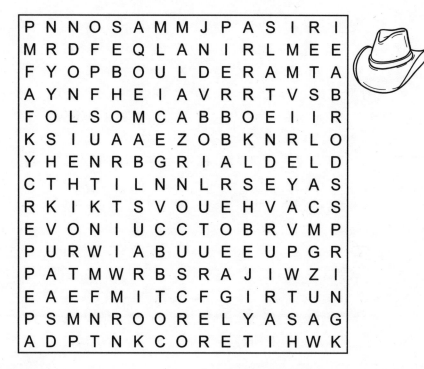

```
P N N O S A M M J P A S I R I
M R D F E Q L A N I R L M E E
F Y O P B O U L D E R A M T A
A Y N F H E I A V R R T V S B
F O L S O M C A B B O E I I R
K S I U A A E Z O B K N R L O
Y H E N R B G R I A L D E L D
C T H T I L N N L R S E Y A S
R K I K T S V O U E H V A C S
E V O N I U C C T O B R V M P
P U R W I A B U U E E U P G R
P A T M W R B S R A J I W Z I
E A E F M I T C F G I R T U N
P S M N R O O R E L Y A S A G
A D P T N K C O R E T I H W K
```

◊ ACADIA
◊ ARBOR HILLS
◊ BEAVERS BEND
◊ BIRDS FORT
◊ BOULDER PARK
◊ CHISHOLM
◊ DORBA MOUNTAIN
◊ EAGLE MOUNTAIN
◊ FOLSOM
◊ KATIE JACKSON
◊ MADRONE TRAIL
◊ MASON CREEK

◊ MCALLISTER
◊ MESA TRAILHEAD
◊ NORTHEAST METRO
◊ PEPPER CREEK
◊ SAM HOUSTON
◊ SPRING BRANCH
◊ SQUABBLE CREEK
◊ TRIBUTE SHORE
◊ TRINITY FOREST
◊ TWIN BUTTES
◊ WACO LAKE HILLS
◊ WHITE ROCK PARK

```
E P A R C S C F A B N D L F N
O I C I R T A P E I O Y A C A
S O C E D N N X K H S Y P E L
C G R I N A A A D S N A O A T
I P A I L R I V R A I J R N I
D Y N A O A O G P G K A T N T
R Z M G L G R L L A C C I A N
A O R E Z U E F E E I I L A A
W G E F S A M R P I D N L T P
M O F K J D R V Y D W T A N I
T L U S H U C O L E T O G A L
A I G S E L A Z N O G R B S O
M A I D Y C S K A M A E R Y Z
Z D O O O E P R E S I D I O W
L Z K K R E E C S I V A R T M
```

◊ AGUA DULCE
◊ ALAMO
◊ JIM BOWIE
◊ COLETO CREEK
◊ MARTIN DE COS
◊ JOSE DE URREA
◊ DICKINSON
◊ JAMES FANNIN
◊ GOLIAD MASSACRE
◊ GONZALES
◊ JAMES GRANT
◊ GRASS FIGHT

◊ JOSE LA PORTILLA
◊ LIPANTITLAN
◊ PRESIDIO LA BAHIA
◊ REFUGIO
◊ RUNAWAY SCRAPE
◊ THOMAS J. RUSK
◊ SAN JACINTO
◊ SAN PATRICIO
◊ SANTA ANNA
◊ SIEGE OF BEXAR
◊ WILLIAM TRAVIS
◊ WILLIAM WARD

```
L M W W R E E N O I P K N U G
H Y E K E N D A L I A S V C U
G O L D C O A C H B O E R N E
B N L S T A R D U S T Z E P T
E N I M A M G A L V A N N O T
W A V R T L A H N A O B E T A
L M D R P E A A P B W B K D H
I R E G V S I B K E A N O N S
N E E J A V T C A O G T R U O
D H N Z A I A A L H T N B O C
E D T R E B L A C F I V A R M
N I O A T I A F R A M A H R K
A M O L D C O U P L A N D F O
U V T F N R O H G N O L J V P
K J T A U D I T O R I U M E O
```

◊ ALBERT ICE HOUSE

◊ ANHALT HALL

◊ BALLROOM MARFA

◊ BOERNE SCHUETZEN

◊ BROKEN SPOKE

◊ CAT SPRING

◊ COSHATTE

◊ DEVILS BACKBONE

◊ GALVAN BALLROOM

◊ HYE DANCE HALL

◊ KENDALIA HALLE

◊ KJT AUDITORIUM

◊ LA BAHIA

◊ LINDENAU RIFLE

◊ LONGHORN

◊ MORAVIAN HALL

◊ NEEDVILLE

◊ OLD COACH

◊ OLD COUPLAND

◊ ORANGE GROVE

◊ PIONEER

◊ ROUND TOP

◊ SONS OF HERMANN

◊ STARDUST

Mother Tongue

```
Z P O L I S H S A L R F G H R
V I A A L O E K T H B A S U V
Y A O O I R O W S I R I S H V
S R F T B R S S V C L S I S I
O M D I E P P J C G I G Z T E
M E A A C F A A N A R L A A T
A N N N K N E N E J L E O N
L I F E H I I Z E F I W S R A
I A R C F E S K D A L A E C M
S N E K I I H H N K U V N H E
I Z N T U R K I S H L U A I S
C J C N A C I R E M A A P N E
C D H A C N Y Z K E T K A E I
I S R A F J N A M R E G J S V
H M T H U K H S I M E L F E A
```

◇ AMERICAN

◇ ARMENIAN

◇ CHINESE

◇ CZECH

◇ DANISH

◇ ENGLISH

◇ FARSI

◇ FLEMISH

◇ FRENCH

◇ GERMAN

◇ GREEK

◇ IRISH

◇ ITALIAN

◇ JAPANESE

◇ KHMER

◇ KOREAN

◇ LAOTIAN

◇ POLISH

◇ RUSSIAN

◇ SERBIAN

◇ SOMALI

◇ SPANISH

◇ TURKISH

◇ VIETNAMESE

Let's Go Fishing

```
E E T R I P L E T A I L I W C
P C Y D U H R A M K P T O D I
L M U L L E T E N I C L P A C
A T T P D S R W C U L A L E H
R S C D C I U K E E T L J H L
G O R A C M E N Y I I F W L I
E U T A D R S R F G P R L L D
M J N T E N E L A I J P Z U K
O L W L A K L T V U S K A B G
U C E P C I O B U H S H A R S
T D P U G R O M I N N O W B C
H E S E G W G N J K S G H L T
R C U G F R E Y E L L A W A V
V L Z I D R A Z Z I G M M C B
B O N F A T H E A D L T V K F
```

◊ ALLIGATOR GAR
◊ AMERICAN EEL
◊ BLACK BASS
◊ BLUEGILL
◊ BOWFIN
◊ BULLHEAD
◊ CHAIN PICKEREL
◊ CRAPPIE
◊ CREVALLE JACK
◊ FATHEAD
◊ GIZZARD SHAD
◊ GOLDEN SHINER

◊ GULF TUNA
◊ LARGEMOUTH BASS
◊ MINNOW
◊ RED DRUM
◊ SNAPPER
◊ STRIPED MULLET
◊ SUCKER
◊ SUNFISH
◊ TEXAS CICHLID
◊ TRIPLE TAIL
◊ WALLEYE
◊ YELLOW CATFISH

```
B V R B U R N E T T V X Z A E
O L U W K E Y Y H T R L X W L
N A F I L E P A E G H F C O K
R R N L W N R A O S A G N Z F
E A A S R M E M X W U G I A V
Y S M O O K E G C T O B S R N
N H G N W Z M E U R O E N D W
O A A A F G T C I J S N A I K
L D H Y G T G A G P A K M A D
D S E F A I R C H I L D E U G
S F M Z L C G T B U L R L Q A
N F N I Y J R B V O I L O D R
E V D Z T A Z L E P O U C E N
S J J J L H W C L Y C T I N E
M H A R R E L S O N P O H G R
```

◊ DEBBIE ALLEN

◊ POWERS BOOTH

◊ CAROL BURNETT

◊ GARY BUSEY

◊ DABNEY COLEMAN

◊ MORGAN FAIRCHILD

◊ FARRAH FAWCETT

◊ JAMIE FOXX

◊ JENNIFER GARNER

◊ SELENA GOMEZ

◊ LARRY HAGMAN

◊ ANGIE HARMON

◊ WOODY HARRELSON

◊ ETHAN HAWKE

◊ EVA LONGORIA

◊ BRUCE MCGILL

◊ BILL PAXTON

◊ DENNIS QUAID

◊ PHYLICIA RASHAD

◊ DEBBIE REYNOLDS

◊ JACLYN SMITH

◊ PATRICK SWAYZE

◊ OWEN WILSON

◊ ROBIN WRIGHT

Raise Your Glass – Part II

```
B N Y R E T A W K C A L B F I
T J M A L Z D E H E D G F T B
M A W L C G R A R D O R P U S
A M U I H E N T E A O P S Y A
R B E O G O T H A R W T C K B
T F S N L T W E L V E F O X E
I T A A R C C R A D K F D R A
N R B U U E P E L U A I O E R
M E E Q B H V D E C L L W V D
L T R A C D F I A A Y C T O E
Y G I A N B A R R O W K V L D
B O F U T N M I Z G A A R V I
D C O R N E R S O I I O I E A
T R U E V I N E A Y A B P R A
C N V P K G N I K R A B T V D
```

◊ AQUA BREW

◊ BARKING ARMADILLO

◊ BARROW BREWING

◊ BEARDED FOX

◊ BIG RIVER

◊ BLACKWATER DRAW

◊ BULL CREEK

◊ BUSTED SANDAL

◊ CEDAR CREEK

◊ FIREBASE

◊ FOUR CORNERS

◊ GHOST NOTE

◊ LAKEWOOD

◊ MARTIN HOUSE

◊ NO LABEL

◊ OAK CLIFF

◊ RANGER CREEK

◊ REAL ALE

◊ REVOLVER

◊ ROUND TOP

◊ TRUE VINE

◊ TWELVE FOX BEER

◊ TWO DOCS

◊ WEATHERED SOULS

Trees

```
G D M G D C N J S S E R P Y C
Y A U P O N H O L L Y W R W E
E E A I L O N G A M H R E Y R
Y K S L H I K C A L B O P D O
E F P U E D V N J J Z I I A M
K N R E T S A E Y P N N N N A
C W U Z I C E A O O C F U A C
U A C M U H S I N A P S J C Y
B X E A Q E V I T W K N V A S
P M E U S Z R A H C O A I H A
Y Y G V E T W L G K M C M U I
N R N N M B B P W P N E A I C
B T A B A W O L L I W P P T A
E L R C E D A R E L M M L A C
D E O L Y T H S A S A X E T A
```

◊ ANACAHUITA

◊ ANACUA

◊ BALD CYPRESS

◊ BLACK CHERRY

◊ CEDAR ELM

◊ DESERT WILLOW

◊ EASTERN CEDAR

◊ JUNIPER

◊ LIVE OAK

◊ MAGNOLIA

◊ MAPLE

◊ MESQUITE

◊ MEXICAN BUCKEYE

◊ OSAGE ORANGE

◊ PECAN

◊ PINON PINE

◊ SOUTHERN CATAWBA

◊ SPANISH OAK

◊ SPRUCE

◊ SWEET ACACIA

◊ SYCAMORE

◊ TEXAS ASH

◊ WAX MYRTLE

◊ YAUPON HOLLY

```
T B D A O R S Y T O O B R N N
D V R M C K I N N E Y S I E O
Y E K R U T R Z U N O B Y G C
L L E N R A P O G R O A B A L
F L P R O K O E F T U N A T A
R I A N A Y L R Z M R I R I F
Y A C F D G M R N Y L D T R U
G T E H O R S E S H O E O E Y
Q G B D T U N L A W B M N H B
U N E P R E S T O N U F A E R
A I N C Y B R U S H Y N R I I
N R D E V T L S L B G R K I K
A M U D C R E E K E Y M T M I
H G P A P W G J L L R P J O I
C R P R F G N I R P S N L T S
```

- ◊ ANGEL OF GOLIAD
- ◊ BARTON CREEK
- ◊ BERRY SPRINGS
- ◊ BOOTY'S ROAD PARK
- ◊ BRUSHY CREEK
- ◊ CEDAR MOUNTAIN
- ◊ DOG LEG CANYON
- ◊ ELM FORK EAST
- ◊ FALCON HEAD
- ◊ HERITAGE OAKS
- ◊ HORSESHOE
- ◊ KIRBY NATURE
- ◊ MCKINNEY FALLS
- ◊ MEDINA RIVER
- ◊ MUD CREEK
- ◊ PACE BEND
- ◊ PARNELL STATION
- ◊ PRESTON RIDGE
- ◊ QUANAH HILL
- ◊ RINGTAIL RIDGE
- ◊ SOUTH TURKEY
- ◊ SPRING LAKE
- ◊ TOBIN PARK
- ◊ WALNUT

Gifts to Texas

```
T Z N N A V N Y E L R A B N J
P Z M O U S E G O S A A O P G
S H D I I S W J U E R L K Y H
P M O L H N L I S U E O W W J
A Z M E S P O B N M F H H L D
R G E D P U F A R E R Y L Z S
R P S N E W G E H C A E P E A
O Z T A D V T A H G T T C N E
W L I D O A I O R N H U H E P
S O C S W E N L Y C T M E K K
A K C L L E Z S O T A G D C C
K R A T Y B I T E W N N K I I
E A T B T A H L H A D D E H H
L A E P D S S A R G B A R C C
C E T A E H W O I N L E M O N
```

◊ BARLEY

◊ CATTLE

◊ CHICKEN

◊ CHICKPEAS

◊ CRABGRASS

◊ DAISY

◊ DANDELION

◊ DOMESTIC CAT

◊ HONEY BEE

◊ HORSE

◊ LEMON

◊ LETTUCE

◊ MOUSE

◊ OKRA

◊ OLIVE

◊ ONION

◊ ORANGE

◊ PEACH

◊ SHEEP

◊ SPARROWS

◊ SUGARCANE

◊ SWINE

◊ WATERMELON

◊ WHEAT

```
Z B U R N A R O N O S B N A E
J D L L C O Z Z Y G B O O E S
Z T A D J M T E U W O H T H U
T I E T D C O R M F C C L R A
E E C G S E L P A M A N I O R
L P K L P I T P A B J O M M K
C E U C I W M N C L T C A L N
A D C L I A A A A A O E H A H
P E A C A H T T L H P D X B T
I R L D V D T T E E C R U A F
T N L G G R A U A R E N O R S
A A I E U F L U E C H U E C O
N L D U P B Z N G M P O H V K
J E A F R A N K L I N B L H K
M S C A H I D N E B G I B E E
```

◊ BALMORHEA PARK
◊ BARTON SPRINGS
◊ BIG BEND
◊ BIG THICKET
◊ BLUE LAGOON
◊ CADILLAC RANCH
◊ CAPROCK
◊ CATTAIL FALLS
◊ CONCHO RIVER
◊ DEVILS WATER HOLE
◊ EL CAPITAN
◊ ENCHANTED ROCK

◊ FRANKLIN
◊ GUADALUPE PEAK
◊ HAMILTON POOLS
◊ INNER SPACE
◊ JACOBS WELL
◊ KRAUSE SPRINGS
◊ LAKE AMISTAD
◊ LOST MAPLES
◊ PALO DURO CANYON
◊ PEDERNALES
◊ SONORA CAVERNS
◊ TEXAS HILL COUNTRY

Texas Symbols

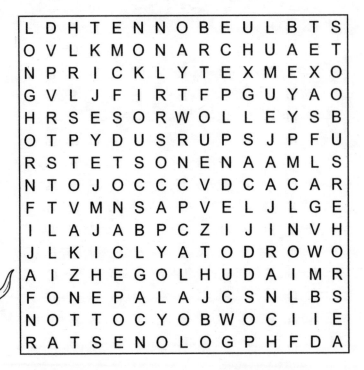

```
L D H T E N N O B E U L B T S
O V L K M O N A R C H U A E T
N P R I C K L Y T E X M E X O
G V L J F I R T F P G U Y A O
H R S E S O R W O L L E Y S B
O T P Y D U S R U P S J P F U
R S T E T S O N E N A A M L S
N T O J O C C C V D C A C A R
F T V M N S A P V E L J L G E
I L A J A B P C Z I J I N V H
J L K I C L Y A T O D R O W O
A I Z H E G O L H U D A I M R
F O N E P A L A J C S N L B S
N O T T O C Y O B W O C I I E
R A T S E N O L O G P H F D A
```

◊ ALAMO	◊ OIL DERRICK
◊ BLUEBONNET	◊ PECAN TREE
◊ BOOTS	◊ PRICKLY PEAR
◊ CACTUS	◊ RANCH
◊ CHAPS	◊ RODEO
◊ COTTON BOWL	◊ SPACE CENTER
◊ COWBOY	◊ SPURS
◊ HORSE	◊ STETSON
◊ JALAPENO	◊ TEXAS FLAG
◊ LONE STAR	◊ TEX MEX
◊ LONGHORN CATTLE	◊ VIDALIA ONION
◊ MONARCH	◊ YELLOW ROSE

In Vino Veritas – Part II

```
N G D S E E E G F A R U F H T
A N U Y T J H E N E W F H S U
R I T U I O S U Z I J N J S J
R K C M I U M W A R D T S O L
O R H C G V L P P L V N T R U
W A M R E L U M E U L B E C J
A B A U T E D I V I N E F B N
N P N M F W F N E N I R I N A
D D Y O V T T T E F M D R I B
R E T R A C A F E P G R E F A
E J T O O L I J A K A R L F S
U G N I S E S I G N O R I U T
C L A U S A C A L L E B G M R
C E U T Y A W A E D I H H T I
I F A L L C R E E K V Z T B S
```

◊ AB ASTRIS
◊ ANDREUCCI
◊ ARGUS CIDERY
◊ BARKING ROCKS
◊ BENDING BRANCH
◊ BELLA STELLA
◊ BLUE MULE
◊ CARTER CREEK
◊ CASUAL FRIDAY
◊ CROSS MOUNTAIN
◊ DIVINE WINE
◊ DUTCHMAN FAMILY

◊ EAGLE FIRE
◊ ENOCH'S STOMP
◊ FALL CREEK
◊ FIESTA
◊ FIRELIGHT
◊ GRANNY MUFFIN
◊ GRAPE CREEK
◊ LOST DRAW
◊ NARROW PATH
◊ SIGNOR
◊ SLATE THEORY
◊ VINTNERS HIDEAWAY

Thank You, Spain

```
G E S Y T I C O C I X E M A W
O L N W V E L T T A C A N T R
X P T O I I M C O K S A E O O
I P T M I N J R E S N D T O M
F A Y E P S E M A A L N G S A
I E R A J U S N B A E W I E N
C N D R Q A E I C I U C N A C
U I W A G T S L M S I A G G E
R P V N W K A A A L O B E M S
C Z R C T M T N O B E S R O H
I F B H H N T H G N A T S U M
L R K O U O T R P O F H P O R
T I N Y N A P R E S I D I O Y
Y A A I C E C A L A P A T A Z
R R O E L C A M I N O R E A L
```

◊ ALCALDE

◊ AYUNTAMIENTO

◊ BANANA

◊ CATHOLICISM

◊ CATTLE

◊ CRUCIFIX

◊ EL CAMINO REAL

◊ FRANCISCAN FRIAR

◊ GINGER

◊ GOVERNOR'S PALACE

◊ HORSE

◊ LA BAHIA

◊ FATHER MASSANET

◊ MEXICO CITY

◊ MISSION SAN JOSE

◊ MUSTANG

◊ PINEAPPLE

◊ PRESIDIO

◊ RANCHO

◊ ROMANCES CORRIDO

◊ SAN ANTONIO

◊ SWINE

◊ TEJAS

◊ VAQUERO

Highways and Byways – Part II

```
P T N G V Y N O M A N N I C M
D A M A S K C C T I F E R N E
V I V A M A X N K W L U Z I L
T W W E D G E U E T J W Y C L
H O C I L A C S S G B P A N O
E V N D O T T A K T E E Z L W
M J D Z H W C Y L E H R T V C
L F T F A N L L L T E S K F M
O W C R G L I S U D C I K K M
C F D J U H H R N W H A K O P
K H T K T H E A D O H N T H C
O B S O L B E Z P U I M H K B
E E O P A L M E T T O L A A T
R B H B O M I L I T A R Y S H
I A G W I M B L E D O N F Y E
```

◊ BABE RUTH

◊ BOOT HILL ROAD

◊ CALICO LANDING

◊ CASTLE HARBOUR

◊ CINNAMON LANE

◊ DAMASK ROSE

◊ GHOST DANCERS

◊ GRAND REGENCY

◊ HEAD HONCHO WAY

◊ HEMLOCK

◊ LEOPARD CLAW

◊ LION KING

◊ MELLOW BREW

◊ MILITARY DRIVE

◊ OLEANDER

◊ PALMETTO

◊ PERSIAN PASS

◊ PITCHING WEDGE

◊ SKULL VALLEY ROAD

◊ SLEEPY HOLLOW

◊ TOM TOM STREET

◊ VIVA MAX

◊ WESTWARD HO

◊ WIMBLEDON

Spain Loses Mexico

```
Z U A J H B E O R E R R E U G
T K O C I X E M G H O N B G D
W H B K D I E E G Y I E N E J
O W G Y J D I H L M R O A N L
I T M U I S U G A W L R E I A
R R D N O O F F F R O E A N
A T A Z U R F E Z E G N G P I
S E R O L O D E D L V D A S M
E W G W J W V O A I O T M W O
R E V A C L N D O N B G G E C
P D D L A D I K A R E R V N N
M E A G O H K J T L F Z U A O
E S O V G S E L A C A J L T J
H C L A R T U E N R V O S E I
N T V N A P O L E O N D M T O
```

◊ BATTLE OF <u>MEDINA</u>

◊ FRANCIS <u>COMINA</u>

◊ <u>CLASH</u> OF CULTURES

◊ <u>DE ARREDONDO</u>

◊ GRITO <u>DE DOLORES</u>

◊ <u>DROUGHT</u>

◊ <u>EMPRESARIO</u>

◊ <u>FAMINE</u>

◊ BERNARDO <u>GALVEZ</u>

◊ <u>GUERRERO</u>

◊ FATHER <u>HIDALGO</u>

◊ <u>ITURBIDE</u>

◊ TRES <u>JACALES</u>

◊ JAMES <u>LONG</u>

◊ AUGUSTUS <u>MAGEE</u>

◊ <u>MEXICO</u>

◊ <u>NAPOLEON</u>

◊ <u>NEUTRAL</u> GROUND

◊ <u>NEW SPAIN</u>

◊ <u>NOLAN</u> EXPEDITION

◊ HENRY <u>PERRY</u>

◊ REPUBLICAN <u>ARMY</u>

◊ <u>SIEGE</u>

◊ <u>TEJANO</u>

Strange and Unusual

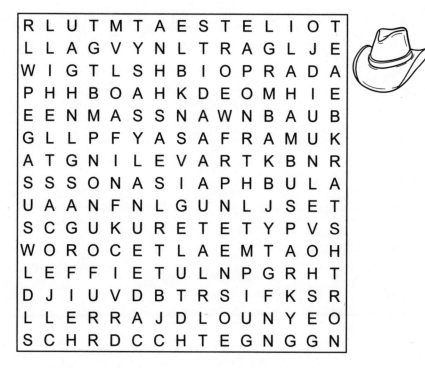

```
R L U T M T A E S T E L I O T
L L A G V Y N L T R A G L J E
W I G T L S H B I O P R A D A
P H H B O A H K D E O M H I E
E E N M A S S N A W N B A U B
G L L P F Y A S A F R A M U K
A T G N I L E V A R T K B N R
S S S O N A S I A P H B U L A
U A A N F N L G U N L J S E T
S C G U K U R E T E T Y P V S
W O R O C E T L A E M T A O H
L E F F I E T U L N P G R H T
D J I U V D B T R S I F K S R
L L E R R A J D L O U N Y E O
S C H R D C C H T E G N G G N
```

◊ ALIEN GRAVE SITE
◊ BIG BUBBLE
◊ BOOT HOUSE
◊ CASTLE HILL
◊ CATHEDRAL OF JUNK
◊ EIFFEL TOWER
◊ FUTURO HOUSE
◊ GARAGE MAHAL
◊ GLASS BATHROOMS
◊ KETTLE HOUSE
◊ LARGEST SHOVEL
◊ LEANING TOWER

◊ MARFA LIGHTS
◊ MUSEUM OF WEIRD
◊ NAVASOTA TEAPOT
◊ NORTH STAR BOOTS
◊ OATMEAL TOWER
◊ OLD JARRELL GAS
◊ PAISANO PETE
◊ PRADA STOREFRONT
◊ SPARKY PARK
◊ STARSHIP PEGASUS
◊ TOILET SEAT ART
◊ TRAVELING MAN

```
F L S N Y A D H T R A E V I R
R N T O N M A T A G O R D A E
O O H F O O D T R U C K A T L
N L G F T O L D E T Y M E R T
T D I I N C E L T I C E N M T
I S L E A E W E G C R N A A A
E O E S C L E R I T G U H R B
R R N T V Z A R S T R A N D W
I E M A R N O N G O R A A I B
O H Z U D T A A C M R T T G G
O E B K S C B K D N O E U R I
L A I I E I P R H N X T V A L
H D H P Y O C O C A J R A S I
L D E R R I C K S H N B W C H
S O U T H P A D R E T F A R C
```

◊ BATTLE FOR THE ART

◊ CANTON MARKET

◊ CELTIC FESTIVAL

◊ CHILI COOKOFF

◊ CRAFT BEER

◊ DERRICK DAYS

◊ EARTH DAY TRADES

◊ FIESTA SAN ANTONIO

◊ FOOD TRUCK SHOW

◊ FRONTIER DAYS

◊ GRANDKID

◊ HISTORIC HOMES

◊ HUTTO OLDE TYME DAYS

◊ MARDI GRAS

◊ MATAGORDA FAIR

◊ OLD SETTLER'S MUSIC

◊ OLD SOREHEAD DAYS

◊ PECAN STREET ARTS

◊ ROCKPORT WINE

◊ SOUTH PADRE KITE

◊ STRAND CHRISTMAS

◊ TEXAS ONION

◊ TOM GREEN COUNTY

◊ TRAIL OF LIGHTS

Texas Foods

```
D P O D U Y V A R G M A E R C
E U H A M B U R G E R E B G Y
I O G C L O E O O L G S U S T
R S M E N C H I L A D A P N K
F A J I T A L D S M C F E A O
N L A D G T R U F A W S A E L
E L L B V A A G M T O O C B A
K I A U R S S O N H M P H D C
C T P B I I L Y C I E A C E H
I R E D U E S A S C K P O I S
H O N X Y R N K A Y I I B R T
C T O U M B R N E D D L B F E
D E A D P E P I Y T R L L E A
H S J S L I X K T M F A E R K
U D R P E P P E R O S I R V R
```

- ◊ BRISKET
- ◊ BURRITO
- ◊ CHICKEN FRIED
- ◊ CREAM GRAVY
- ◊ DR PEPPER
- ◊ ENCHILADA
- ◊ FAJITA
- ◊ GUACAMOLE
- ◊ HAMBURGER
- ◊ JALAPENO
- ◊ KING RANCH
- ◊ KOLACH

- ◊ MIGAS
- ◊ NACHOS
- ◊ PEACH COBBLER
- ◊ PECAN PIE
- ◊ REFRIED BEANS
- ◊ SAUSAGE
- ◊ SOPAPILLA
- ◊ STEAK
- ◊ TACO
- ◊ TAMALE
- ◊ TEX-MEX
- ◊ TORTILLA SOUP

Frontier Forts

```
R K L O G N G D D I U V O Y U
Y N L W J O A N D U T K C B K
N G I L R T T W L E N M H L Y
V E R D E K E H R O A C O D N
V G R L H C S R J H C P A T U
E W E L L O E E A V H N F N A
F M M I U T P R Y Z V O I D M
W N C H T S G R H W K R A L C
N O W M H D W O R T H Z O O K
A H V O H Z D L N E D T J G A
H C V T R B N O E E E V I G V
G N N N T B S G D A V I S N E
O O R A P A N K L E B N B I T
R C M H M I Q U I T M A N R T
C B F P A E O C O O P E R S O
```

◊ BELKNAP	◊ LINCOLN
◊ BROWN	◊ MASON
◊ CLARK	◊ MCKAVETT
◊ CONCHO	◊ MERRILL
◊ COOPER	◊ PHANTOM HILL
◊ CROGHAN	◊ POLK
◊ DAVIS	◊ QUITMAN
◊ DUNCAN	◊ RINGGOLD
◊ EWELL	◊ STOCKTON
◊ GATES	◊ TERRETT
◊ GRAHAM	◊ VERDE
◊ INGE	◊ WORTH

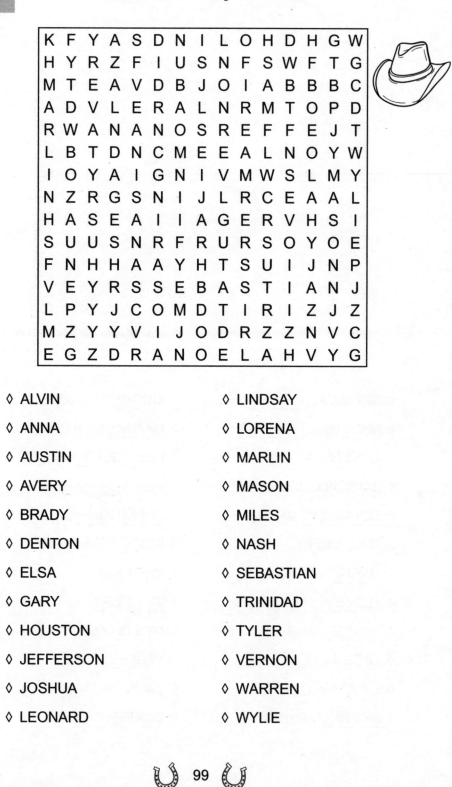

```
K F Y A S D N I L O H D H G W
H Y R Z F I U S N F S W F T G
M T E A V D B J O I A B B B C
A D V L E R A L N R M T O P D
R W A N A N O S R E F F E J T
L B T D N C M E E A L N O Y W
I O Y A I G N I V M W S L M Y
N Z R G S N J J L R C E A A L
H A S E A I I A G E R V H S I
S U U S N R F R U R S O Y O E
F N H H A A Y H T S U I J N P
V E Y R S S E B A S T I A N J
L P Y J C O M D T I R I Z J Z
M Z Y Y V I J O D R Z Z N V C
E G Z D R A N O E L A H V Y G
```

◊ ALVIN	◊ LINDSAY
◊ ANNA	◊ LORENA
◊ AUSTIN	◊ MARLIN
◊ AVERY	◊ MASON
◊ BRADY	◊ MILES
◊ DENTON	◊ NASH
◊ ELSA	◊ SEBASTIAN
◊ GARY	◊ TRINIDAD
◊ HOUSTON	◊ TYLER
◊ JEFFERSON	◊ VERNON
◊ JOSHUA	◊ WARREN
◊ LEONARD	◊ WYLIE

```
P  S  T  A  T  E  W  D  L  E  I  F  Y  A  M
O  Y  R  R  A  H  I  L  O  V  E  Y  O  U  T
N  A  T  U  R  E  O  C  N  V  I  T  O  W  H
B  T  H  K  M  N  R  O  L  L  U  B  E  Z  E
P  K  I  D  G  N  W  A  R  B  O  H  I  A  O
E  Z  N  U  P  I  G  B  A  T  K  I  E  C  A
N  P  K  F  C  U  R  R  A  R  E  R  O  H  S
N  I  E  R  N  R  T  N  A  U  U  C  M  T  I
Y  O  R  A  A  O  I  P  T  T  N  I  R  H  S
B  N  Y  D  N  C  R  C  P  H  I  E  M  E  S
A  E  C  A  A  E  O  L  G  E  T  L  O  A  M
C  E  E  L  K  O  U  U  K  S  S  V  O  T  L
K  R  G  L  P  C  A  C  E  K  U  C  D  R  G
E  P  I  Z  S  V  O  J  Y  A  A  M  Y  E  I
R  Z  V  Y  H  N  I  D  K  E  J  D  F  L  B
```

◊ AMERICAS CIRCUIT

◊ AUDITORIUM SHORE

◊ AUSTIN ZOO

◊ BARTON GREENBELT

◊ BOTANICAL GARDEN

◊ BULL CREEK

◊ HARRY RANSOM

◊ I LOVE YOU MURAL

◊ JESTER KING

◊ LAGUNA GLORIA

◊ LONG CENTER

◊ MAYFIELD PARK

◊ MOODY THEATRE

◊ NATURE CENTER

◊ PENNYBACKER

◊ PIONEER FARM

◊ SCULPTURE GARDEN

◊ STATE CEMETERY

◊ THE OASIS

◊ THINKERY

◊ UT CO-OP

◊ VAUGHN STATUE

◊ ZACH THEATRE

◊ ZILKER PARK

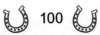

Heroes and Heroines

```
T Y C C S T T E K C O R C C N
H M P K E T S N A G R O M E R
O J I V G J S L J N A H K E N
U M T M U R P H Y D N C W A M
S L I U I U T S K A A O R N K
T A A L N M I N V R H Z V G B
O H M M L V R A B N I N N A F
N S O G A E R D E Z A V A L A
C M N R T R R S R U M I L A M
D O T N O W I S S K C G U E V
L E U J K E E T Y S E O O J Z
S H L Z E N I B O N H A M I P
S O Y E O N R V Z A H T I M S
G G L J O D I C K I N S O N P
T G S B N N M C C U L L O C H
```

◊ STEPHEN F. AUSTIN

◊ JAMES BONHAM

◊ JOHN BRACKEN

◊ DAVY CROCKETT

◊ MARTIN DE LEON

◊ LORENZO DE ZAVALA

◊ SUSANA DICKINSON

◊ DWIGHT EISENHOWER

◊ JAMES FANNIN

◊ JAMES HOGG

◊ SAM HOUSTON

◊ WILLIAM HUNTER

◊ ANSON JONES

◊ MIRABEAU B. LAMAR

◊ JANE LONG

◊ BEN MCCULLOCH

◊ BENJAMIN MILAM

◊ DORY MILLER

◊ EMILY MORGAN

◊ AUDIE MURPHY

◊ JOSE NAVARRO

◊ JUAN SEGUIN

◊ DEAF SMITH

◊ WILLIAM TRAVIS

World War II Texas

```
N C P H O L L O W A Y B O J T
H O L I P U H C U P I W E U T
S A T G H C K L R E K L A W O
I P L R O S A R O C Y O V L C
M C A L E M E R K N I G H T S
P G E L M V C L S L G Y Z A U
S Y R L M A O D T W F O G Z R
O U E M L E R P U T E R R T T
N D W L U E R K W F A L O I T
P R W S A M B U E H F B L M A
U A S K I E M A A C W I D I H
L N M L F H D M C C R L E N L
D O L W I A A Y B R A E K U Z
S E B L O C K W E K Y M I E W
R L L I T L U A N N E H C P L
```

- ◊ BATTLESHIP TEXAS
- ◊ HARLON BLOCK
- ◊ CHARLES CABELL
- ◊ HORACE E. CARSWELL
- ◊ CLAIRE CHENNAULT
- ◊ ROBERT G. COLE
- ◊ SAMUEL DEALEY
- ◊ CALVIN GRAHAM
- ◊ DEAN HALLMARK
- ◊ DAVID "TEX" HILL
- ◊ JAMES HOLLOWAY
- ◊ NEEL E. KEARBY
- ◊ RAYMOND KNIGHT
- ◊ TURNEY W. LEONARD
- ◊ FELIX LONGORIA
- ◊ GLENN MCDUFFIE
- ◊ DORY MILLER
- ◊ CHESTER A. NIMITZ
- ◊ RICHARD OVERTON
- ◊ BRUCE PALMER
- ◊ JOHN L. PIERCE
- ◊ WILLIAM SIMPSON
- ◊ LUCIAN TRUSCOTT
- ◊ WALTON WALKER

Business and Industry

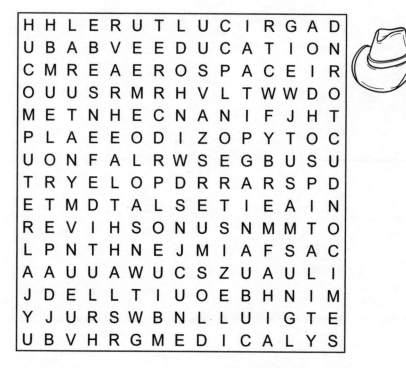

```
H H L E R U T L U C I R G A D
U B A B V E E D U C A T I O N
C M R E A E R O S P A C E I R
O U U S R M R H V L T W W D O
M E T N H E C N A N I F J H T
P L A E E O D I Z O P Y T O C
U O N F A L R W S E G B U S U
T R Y E L O P D R R A R S P D
E T M D T A L S E T I E A I N
R E V I H S O N U S N M M T O
L P N T H N E J M I A F S A C
A A U U A W U C S Z U A U L I
J D E L L T I U O E B H N I M
Y J U R S W B N L L U I G T E
U B V H R G M E D I C A L Y S
```

◊ AEROSPACE

◊ AGRICULTURE

◊ AMAZON

◊ BUSINESS SERVICES

◊ COMPUTER

◊ DEFENSE

◊ DELL

◊ EDUCATION

◊ ENERGY

◊ FINANCE

◊ FUEL PROCESSING

◊ HEALTH CARE

◊ HOSPITALITY

◊ JANITORIAL

◊ MEDICAL

◊ NATURAL GAS

◊ PERSONAL SERVICE

◊ PETROLEUM

◊ REAL ESTATE

◊ SAMSUNG

◊ SEMICONDUCTOR

◊ TESLA

◊ TOURISM

◊ WIND TURBINE

```
M B T S T E G D U B M Z S E S
E C I I F Y M I J F B Z T L T
U O U G F N F R A N C E S F E
S A C N O I T A G E L W E I A
E V R S F V D P E Y A H F R M
B O I N D I A N O L A A G N B
A D C I O C O O L T C R N A O
C R E T A A F E G Y V T O G A
H O E D L V R J G N T O S O T
W C E H T R O W H S A N W L A
B M A O R T S A C L V D E V P
Y M N R D V L L S O E A N P N
Z C L S L A N A V A R R O A W
F Z S E N L C Z L I T N E G F
Z V U D M E S K E N N E D Y K
```

◊ A RIFLE AND A DOG
◊ ACADEMY
◊ ASHWORTH ACT
◊ BALANCED BUDGET
◊ BEER
◊ HENRI CASTRO
◊ CIRCUIT RIDER
◊ VICENTE CORDOVA
◊ FANDANGO
◊ FRANCE
◊ FRENCH LEGATION
◊ THEODORE GENTILZ

◊ GREEN BURT LOGAN
◊ INDIANOLA
◊ WILLIAM KENNEDY
◊ LAND SPECULATOR
◊ LITTLE ALSACE
◊ JOHN O. MEUSEBACH
◊ JOSE NAVARRO
◊ PRINCE CARL
◊ SONGFESTS
◊ STEAMBOAT
◊ EDMUND WALLER
◊ WILLIAM WHARTON

```
N O T T O C N J V N I H L M S
S A M B E L L M A X O H I P W
N O T H S A E A R D F L A A H
N G S K L G D B N V R N A N S
N O T L U F S E E B I P E V T
S H E L B Y Z A R S M I R R A
V Y L W B D M L H D L U U B R
P I G N A T A R O L L B F I K
F M R R A T G Z G B E O L S E
L G R A E O I C G N I T I H W
Y E V S Y T C S K H B D N O T
L A A P R B N E W M A N S P J
Y D O O M N U N D D I V S S L
R N P E M B E R T O N C Y E P
J G S C H R E I N E R S D M R
```

◊ ALLEY LOG CABIN

◊ ASHTON VILLA

◊ BISHOP'S PALACE

◊ CASA ORTIZ

◊ CASTLE AVALON

◊ COTTON LAND

◊ DARREL WOLCOTT

◊ FULTON MANSION

◊ MAGIC FUN HOUSE

◊ MOODY MANSION

◊ NEILL COCHRAN

◊ NEWMAN'S CASTLE

◊ OLD RED MUSEUM

◊ PEMBERTON

◊ PIGNATARO

◊ SAM BELL MAX

◊ SAM RAYBURN

◊ SCHREINERS

◊ SHELBY COUNTY

◊ SPANISH PALACE

◊ TRUBE CASTLE

◊ VARNER HOGG

◊ W.H. STARK

◊ WHITING

```
O I N O T N A Y A T S A B F S
F Y G N N F K E L S S L L C E
A R Y N O T A F A S L H A Z G
D T B W T T I R R I N V B O U
I N W R T E G K M N A O L C I
N A U J O K S D U L N I R A N
T F J S C C L P R H A B E T G
E N V L R O T Y A D I B D T E
R I Z I O R W M O R A Y B L Y
I A W K C C H N I S Z R A E S
M O C O L T A A T O O A C A Y
N A H B B J O R R F J J K L H
J J W L E F O R J R N Z A S S
U D U T W P H N I Z I V A R T
P R O V I S I O N A L S L T T
```

◊ AD INTERIM
◊ BASTA YA
◊ BASTROP
◊ JAMES BONHAM
◊ JIM BOWIE
◊ CATTLE
◊ CAVALRY
◊ COTTON
◊ DAVY CROCKETT
◊ ENRIQUE ESPARZA
◊ FUR
◊ GOLIAD

◊ GRASS FIGHT
◊ DILUE ROSE HARRIS
◊ INFANTRY
◊ WILLIAM JACK
◊ NORTE AMERICANOS
◊ OLD MILL
◊ PROVISIONAL
◊ REDBACK MONEY
◊ SAN ANTONIO
◊ JUAN SEGUIN
◊ TEJANO
◊ VICTORIA

All About Amarillo

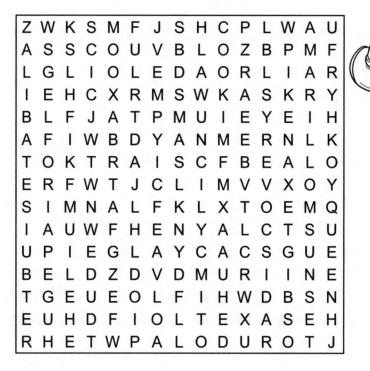

```
Z W K S M F J S H C P L W A U
A S S C O U V B L O Z B P M F
L G L I O L E D A O R L I A R
I E H C X R M S W K A S K R Y
B L F J A T P M U I E Y E I H
A F I W B D Y A N M E R N L K
T O K T R A I S C F B E A L O
E R F W T J C L I M V V X O Y
S I M N A L F K L X T O E M Q
I A U W F H E N Y A L C T S U
U P I E G L A Y C A C S G U E
B E L D Z D V D M U R I I N E
T G E U E O L F I H W D B S N
E U H D F I O L T E X A S E H
R H E T W P A L O D U R O T J
```

◊ ALIBATES FLINT

◊ AMARILLO OPERA

◊ AMARILLO ZOO

◊ ARTS IN THE SUNSET

◊ BACKYARD CLASSIC

◊ BAKER PEACE PARK

◊ BIG TEXAN

◊ CADILLAC RANCH

◊ CAPROCK

◊ DISCOVERY CENTER

◊ DUDE RANCH

◊ HELIUM MONUMENT

◊ HUGE PAIR OF LEGS

◊ KWAHADI MUSEUM

◊ LITTLE THEATRE

◊ MADAM QUEEN

◊ MUSEUM OF ART

◊ PALO DURO CANYON

◊ PANHANDLE PLAINS

◊ QUARTER HORSE

◊ RAILROAD MUSEUM

◊ TEXAS MUSICAL

◊ US ROUTE SIXTY SIX

◊ WILDCAT BLUFF

```
W E D D I N G O A K Z C G N T
R F D J T J U S I C K R R N Y
E H W I N E C A S T L E R O O
T E C N T H M E P T L P G R F
O N B O I C F I R S O S A I Z
O Z E E M D H O M P N N Z T P
H I F D C P E A C H G G D S A
S C R K A K A R N M H L V A G
X E H A Y C E S Y A O T K C Y
I H R I F T E R S H R E A H L
S V M I S A R D T G N N A E F
L P R I F H S U A N S M Y E H
A O N J D O O W N I O I Z L F
K Y S B M S W L T B A L E D A
E N E W S O M D M F I E V R T
```

◊ AMSLER HILLS

◊ BAR DITCH

◊ BECKER

◊ BIG CHIEF

◊ BINGHAM FAMILY

◊ CAST IRON

◊ CHISHOLM TRAIL

◊ COMPASS ROSE

◊ DAS PEACH HAUS

◊ DECADENT SAINT

◊ EDGE OF THE LAKE

◊ ENGLISH NEWSOM

◊ FIRES

◊ FLY GAP

◊ FOYT WINERY

◊ HEATH SPARKLING

◊ INWOOD ESTATES

◊ LONGHORN

◊ SAFARI

◊ SIX SHOOTER

◊ SOUTHOLD FARM

◊ TEN MILE

◊ WEDDING OAK

◊ WINE CASTLE

Jefferson's Charm

```
J R S U T S I R H C T S O H G
E R O E U L U E R S E R O T S
F E A W I O P E A K E E R G N
F R Y E D P D N I U E N A P W
E W I D X R Z E L C Y C I B G
R V A V U C U C C P R U L P H
S C O M E A E A A F E D R H I
O D E R G R O L R R E P O H S
N L I B G N B T S J R W A V T
N U S I E E R O S I E I D A O
H O S B T G H D A T O L A N R
T G E K U I K T R T O R B G Y
H H B Z W E U U E H L T L G E
F C Y P R E S S B K Y S T B R
L G H Z F S G O L D E N E R A
```

◊ ATALANTA RAILCAR

◊ BICYCLE HILL

◊ BIG CYPRESS BAYOU

◊ CADDO LAKE

◊ CARNEGIE LIBRARY

◊ CARRIAGE RIDE

◊ CHRIST CHURCH

◊ DIAMOND BESSIE

◊ END OF JEFFERSON

◊ EXCELSIOR HOTEL

◊ GENERAL STORE

◊ GHOST TOUR

◊ GOLDEN ERA MURAL

◊ JAY GOULD

◊ HISTORY MUSEUM

◊ HOUSE OF PIES

◊ HOWE TRUSS BRIDGE

◊ LAKE O THE PINES

◊ MURDER

◊ OTSTOTT GAZEBO

◊ RAILROAD

◊ RIVERBOAT TOUR

◊ STATUE OF HEBE

◊ THE GROVE

```
N O I T C U R T S N O C R H Y
U S P B P Y D E N T I S T O A
E F A R M I N G H A S A L E S
N L A C O L R R E C S Y S R L
G L I A T E R R E N A E J A O
I S G F F S O G A P R E P N J
N B W Y I S H I S V A E T C A
E F G S P S C N I T T I I H N
E T S A W I H C L R O L R I I
R K C H S O E I O I B C S N T
I E S Y H J T L N U J O K G O
N R H O P O E U P G F O O D R
G P T V C U G W A R A C Z D I
C E C O M P U T E R S B Y Z A
L P E T R O C H E M I C A L L
```

◊ AEROSPACE

◊ APPLIANCE REPAIR

◊ AUTO PRODUCTION

◊ COMPUTERS

◊ CONSTRUCTION

◊ DENTIST

◊ DIRECT SALES

◊ ENGINEERING

◊ FARMING

◊ FISHING

◊ FOOD PREPARATION

◊ HOTEL MANAGEMENT

◊ JANITORIAL

◊ LOCAL GOVERNMENT

◊ PERSONAL SERVICE

◊ PETROCHEMICAL

◊ PETROLEUM

◊ PHYSICIANS

◊ PUBLIC OFFICE

◊ RANCHING

◊ RETAIL

◊ STOCK BROKERAGE

◊ TEACHER

◊ WASTE DISPOSAL

Name That City – Part III

```
R E T R O P N D R E P R A H N
F T N I U Q A O J K D I I C P
M Z I F M N G A R O S C O E R
Z D U U A O T M N S G A T N V
G Z U G R B R N H S P I I S Y
Y Y R D S T A M Y A O M M E E
T O O R H Z U H Y R A N R Y L
M N R J A W V G N L R H E M I
R W H E L H N F O T Z A K O A
O E I G L I E N H J M S B U B
L B C S V T E A T I L O L R G
Y S R R A N H Y N T B G C H F
A T I Y B E N J A M I N W W Z
T E A A A Y Z A Z U I U Y H M
B R E I N N I W I N B C V K M
```

◊ ANSON
◊ ANTHONY
◊ BAILEY
◊ BARRY
◊ BENJAMIN
◊ BRYAN
◊ DONNA
◊ GORDON
◊ HARPER
◊ IRVING
◊ JOAQUIN
◊ KERMIT

◊ LEROY
◊ LOLITA
◊ MALONE
◊ MARSHALL
◊ MORGAN
◊ PORTER
◊ ROSCOE
◊ SEYMOUR
◊ TAYLOR
◊ WEBSTER
◊ WHITNEY
◊ WINNIE

```
V S M F S E H C O D G O C A N
P B I L L C E B O S S K E Y Y
U Y N H N J E N N J K D P D A
R O G B C S R Z R K Y Z B A W
D O U M Y O L E E E N R U B K
N D E A A M D R E A O Q Y V W
A U L N I H K I I F U B U P E
L H D O H E A X K F U L S E F
I V O R N Z E Y E C P R C L E
S M R D A M V O A W A G Y D U
S H A M A N C H A C A N H O Q
T H Y Y N W O O I G U F E R S
L C D I N M A N S H A C K A O
E V O L L O D N E K R E K D B
E S E L A N R E D E P N R O K
```

◊ BOERNE   ◊ MANCHACA

◊ BURNEE   ◊ MANSHACK

◊ BOSQUE   ◊ MANOR

◊ BOSSKEY   ◊ MAYNOR

◊ BUDA   ◊ MEXIA

◊ BYOODUH   ◊ MAHAYA

◊ ELDORADO   ◊ NACOGDOCHES

◊ ELDORAYDOE   ◊ NACKIDOCHIS

◊ FUQUA   ◊ PEDERNALES

◊ FEWKWAY   ◊ PURDNALISS

◊ KERKENDAHL   ◊ REFUGIO

◊ KER KEN DOLL   ◊ REEFURYO

```
A B B C E U N I O N B E A R E
G G P A N T H E R G I G T J G
O F N S M R A E R A B F K T N
H M P C S A N G A B R I E L A
E S S B A G D F Y E E D M D R
G N E T R C G A E T V M L H T
D A I N R R T T S Z S R B W S
E C O T E E A U S V O U Z E I
H C Y L S I B A S W L L R B R
H O L P L U X L K L U C W H E
V O E L R E A R E D N A B S N
H G G Z T E K T E D T P D Q R
Z B A D O F S V A Z A R S U O
L Z L A N O I S U F P O H A C
H O V L A L S P O E T Z L D K
```

◊ ADELBERT'S

◊ ASH AND EMBER

◊ AUSTIN BEERWORKS

◊ BANDERA

◊ BARE ARMS

◊ CACTUS LAND

◊ CYPRESS CREEK

◊ DEVIL AND THE DEEP

◊ FOUR BULLETS

◊ FREETAIL

◊ HEDGEHOG

◊ HOLLER

◊ HOP SQUAD

◊ HOPFUSION ALE

◊ LEGAL DRAFT

◊ OLD TEXAS

◊ PANTHER BREWING

◊ RUSTY GATE

◊ SAN GABRIEL

◊ SAVE THE WORLD

◊ SIREN ROCK

◊ SPOETZL

◊ STRANGE LAND

◊ UNION BEAR

Inventors and Inventions

```
H M C R S C I T E M S O C I P
J P A R E P A P D I U Q I L J
T G L T J P R P N W S T I W V
I C C N I R P I G I N B N N H
E O U U S R L E N D E F O A S
N M L I Z O A T P R G D T C A
G P A S O E E G T R E E R H Y
I U T D C R N O R U D C E O A
N T O I I Y N I K A D K D C K
E E R N P I B F T I M A L H Y
E R G W D V Z L R R C R A E R
R S R R I M R Z I I A D A E A
S K S Z L L E D D K T M M S M
M I C R O C H I P M C O U E S
E C M A H A R G H T I M S E N
```

◊ CHARLES ALDERTON

◊ DR PEPPER

◊ MARY KAY ASH

◊ MARY KAY COSMETICS

◊ CARL DECKARD

◊ SELECTIVE LASER SINTERING

◊ MICHAEL DELL

◊ DELL COMPUTERS

◊ CHARLES DOOLIN

◊ FRITOS CORN CHIPS

◊ JACK KILBY

◊ MICROCHIP

◊ FRANK LIBERTO

◊ PUMPABLE NACHO CHEESE

◊ MARIANO MARTINEZ

◊ FROZEN MARGARITA MACHINE

◊ BETTE NESMITH GRAHAM

◊ LIQUID PAPER

◊ TI ENGINEERS

◊ HAND-HELD CALCULATOR

Famous Places

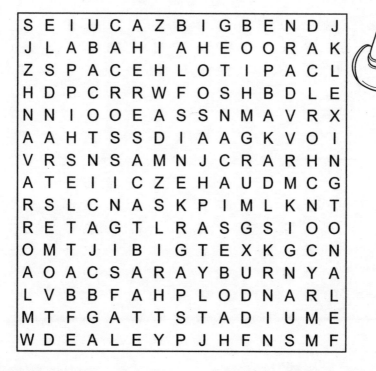

```
S  E  I  U  C  A  Z  B  I  G  B  E  N  D  J
J  L  A  B  A  H  I  A  H  E  O  O  R  A  K
Z  S  P  A  C  E  H  L  O  T  I  P  A  C  L
H  D  P  C  R  R  W  F  O  S  H  B  D  L  E
N  N  I  O  O  E  A  S  S  N  M  A  V  R  X
A  A  H  T  S  S  D  I  A  A  G  K  V  O  I
V  R  S  N  S  A  M  N  J  C  R  A  R  H  N
A  T  E  I  I  C  Z  E  H  A  U  D  M  C  G
R  S  L  C  N  A  S  K  P  I  M  L  K  N  T
R  E  T  A  G  T  L  R  A  S  G  S  I  O  O
O  M  T  J  I  B  I  G  T  E  X  K  G  C  N
A  O  A  C  S  A  R  A  Y  B  U  R  N  Y  A
L  V  B  B  F  A  H  P  L  O  D  N  A  R  L
M  T  F  G  A  T  T  S  T  A  D  I  U  M  E
W  D  E  A  L  E  Y  P  J  H  F  N  S  M  F
```

◊ ATT STADIUM

◊ BATTLESHIP TEXAS

◊ BIG BEND NATIONAL

◊ BIG TEX

◊ CAPITOL

◊ DEALEY PLAZA

◊ ELISSA

◊ FAIR PARK

◊ FORT CONCHO

◊ KING RANCH

◊ LUCAS GUSHER

◊ MAGNOLIA MARKET

◊ MAJESTIC THEATRE

◊ MISSION TRAIL

◊ NAVARRO HOUSE

◊ PRESIDIO LA BAHIA

◊ RANDOLPH AFB

◊ RESACA DE LA PALMA

◊ SAM RAYBURN HOUSE

◊ SAN JACINTO

◊ SPACE CENTER

◊ THE CROSSING ROOM

◊ THE STRAND

◊ USS LEXINGTON

Cows Go Moo

```
G S T D Y O O G B S K H J O N
E D E C G W N T N F M S V J E
R R N Y I M I M E I P I E G W
E A B B E M M V E B K N R M O
H Y I B B R A N G U S A E O R
E K L L U G C R O L K P S C L
R C L F H F L N R L U S S H E
E O I Y C E E E O O A B I I A
F T O R N T A N C L N O D C N
O S N I S K G D J C D C U A S
R O V E B H E N I F F I R G W
D O M M O S T R E N C O T O B
B M A R K E T D R I V E R E M
C K N B A R B E D W I R E B J
S O R E U Q A V H D S F G M D
```

◊ BARBED WIRE

◊ BEEF

◊ BEVO

◊ BOVINE

◊ BRANGUS

◊ CATTLE DRIVE

◊ CATTLE MARKET

◊ CHICAGO

◊ CIMARRON

◊ EL CAMINO REAL

◊ FORT GRIFFIN

◊ HEREFORD

◊ KANSAS RAILHEAD

◊ KING RANCH

◊ LASSO

◊ LONGHORN

◊ MESTENO

◊ MOSTRENCO

◊ NEW ORLEANS

◊ SANTA GERTRUDIS

◊ SPANISH MISSIONS

◊ STOCKYARDS

◊ TEN BILLION

◊ VAQUEROS

Indian Wars

```
L N J N P L I C N U O C M S H
C T A W H L E N Z M K A R U L
L Z K P H U R O R V C U S R O
Y T L O I F O C E K U T R O C
N I I C V L O O E B O H E D K
H A N A U Q M N E N O A G I H
J R V A T A Z A Y P E D N C A
D R I B E I V G L L A Y A A R
B G L A E I F U P H F S R L T
U J L S P C M O V G T Z M P I
F P E N E R E V I R D E R S S
F Z D A E P E C O M A N C H E
A R E S E R V A T I O N Y K I
L G G H R E A O O P A K C I K
O J T T O N K A W A K U P V V
```

◊ ADOBE WALLS

◊ CAPTAIN JOHN BIRD

◊ BUFFALO

◊ CHIEF CASTRO

◊ COMANCHE

◊ COUNCIL HOUSE

◊ FELIX HUSTON

◊ KICKAPOO

◊ LINVILLE RAID

◊ LIPAN APACHES

◊ MATILDA LOCKHART

◊ RANALD S. MACKENZIE

◊ JOHN HENRY MOORE

◊ PETA NOCONA

◊ PLACIDO

◊ PLUM CREEK

◊ QUANAH

◊ RED RIVER WAR

◊ RESERVATION

◊ SAN SABA

◊ TEEPEE

◊ TEXAS RANGERS

◊ THE PEOPLE

◊ TONKAWA

Texas Sporting Stars

S	M	K	N	N	C	A	Y	B	S	N	R	O	H	L
M	I	O	O	O	S	E	P	O	O	W	S	D	G	G
O	O	B	I	S	N	J	N	O	S	L	E	N	U	R
W	B	R	R	N	K	I	V	Z	P	S	H	T	A	E
U	K	P	R	H	J	I	R	T	I	E	M	W	B	G
R	C	H	E	O	M	F	Y	Y	E	M	A	S	B	G
S	O	I	H	J	W	O	O	T	T	O	J	G	Z	H
B	D	L	G	W	F	G	O	R	H	H	B	F	O	T
O	D	L	R	G	A	R	I	O	E	A	N	P	Z	I
C	A	I	E	M	E	L	G	D	M	M	W	A	V	M
A	P	P	E	R	A	A	K	C	P	A	A	Z	Y	S
J	U	S	R	D	N	N	Y	E	Y	E	T	N	S	R
L	K	E	H	J	P	S	U	B	R	A	M	S	C	Y
L	U	S	K	N	A	B	H	E	T	I	E	G	O	I
G	I	N	F	R	I	O	T	V	L	W	T	Y	C	N

◊ ERNIE BANKS

◊ SAMMY BAUGH

◊ GEORGE FOREMAN

◊ A.J. FOYT

◊ BEN HOGAN

◊ BREAUX GREER

◊ FORREST GREGG

◊ CHAVO GUERRERO, JR.

◊ THOMAS HERRION

◊ ROGERS HORNSBY

◊ MARCELL JACOBS

◊ JACK JOHNSON

◊ PATRICK MAHOMES

◊ SIMONE MANUEL

◊ RANDY MATSON

◊ BOBBY JOE MORROW

◊ BYRON NELSON

◊ CHARLEY PADDOCK

◊ BUM PHILLIPS

◊ NOLAN RYAN

◊ TOMMIE SMITH

◊ JORDAN SPIETH

◊ SHERYL SWOOPES

◊ DOAK WALKER

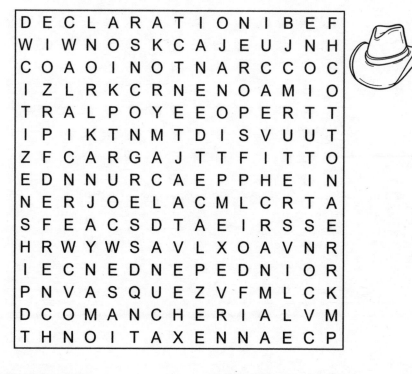

```
D E C L A R A T I O N I B E F
W I W N O S K C A J E U J N H
C O A O I N O T N A R C C O C
I Z L R K C R N E N O A M I O
T R A L P O Y E E O P E R T T
I P I K T N M T D I S V U U T
Z F C A R G A J T T F I T T O
E D N N U R C A E P P H E I N
N E R J O E L A C M L C R T A
S F E A C S D T A E I R S S E
H R W Y W S A V L X O A V N R
I E C N E D N E P E D N I O R
P N V A S Q U E Z V F M L C K
D C O M A N C H E R I A L V M
T H N O I T A X E N N A E C P
```

- ◇ ANNEXATION
- ◇ ARCHIVE WAR
- ◇ BURNET FLAG
- ◇ CAPITAL
- ◇ CITIZENSHIP
- ◇ COMANCHERIA
- ◇ CONGRESS
- ◇ CONSTITUTION
- ◇ COTTON
- ◇ COURT OF ST. JAMES
- ◇ DECLARATION
- ◇ EXEMPTION
- ◇ FRENCH LEGATION
- ◇ GREAT RAID
- ◇ HOMESTEAD
- ◇ INDEPENDENCE
- ◇ ANDREW JACKSON
- ◇ PLACE VENDOME
- ◇ REGULATOR WAR
- ◇ RUTERSVILLE
- ◇ SAN ANTONIO
- ◇ SENATOR
- ◇ RAFAEL VASQUEZ
- ◇ ADRIAN WOLL

Texas Cities

```
F H N O T G N I L R A E G J N
M D J G A R L A N D V G U W H
K T A N N N G M J B Y E Z O O
L H M C K I N N E Y L L F R U
T E H B V T V B O P C L D T S
S W A G S S T R A D R O A H T
W O R G I U M S I O E C L D O
A O T N U A O T U C H R L W N
N D H F T E O N A L P E A C F
T L U R I B D N I R I K S L L
O A R I I R G U E F Y W Z G O
N N C S O E P A S A D E N A W
I D P C L H N N K R U F T N E
O S K O A M A R I L L O U R R
N E K A Y M L U B B O C K M G
```

◊ AMARILLO

◊ ARLINGTON

◊ AUSTIN

◊ COLLEGE STATION

◊ DALLAS

◊ EL PASO

◊ FLOWER MOUND

◊ FORT WORTH

◊ FRISCO

◊ GARLAND

◊ HOUSTON

◊ IRVING

◊ LAREDO

◊ LEAGUE CITY

◊ LUBBOCK

◊ MANSFIELD

◊ MCKINNEY

◊ PASADENA

◊ PLANO

◊ PORT ARTHUR

◊ ROUND ROCK

◊ SAN ANGELO

◊ SAN ANTONIO

◊ THE WOODLANDS

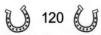

Rocks and Minerals

```
E C A L M A N D I N E J L D E
Z H Z C U W U B Y P A D R I T
A A F H I H A A E S Y L A C O
I L P V K H Z M P R W O E T D
S C S O E A T E B S Y G P U I
F E H B T M R C J E K L T S P
M D H S I E A M C I R R E C E
E O G I R T U R Z K R D T Z K
T N A D O H Q L A P O S I I S
I Y R I U Y Y D B E Z B N N R
G W N A L S E R G O A F G C L
U S E N F T Z K U R A N I U M
A B T U A Y E T I T S E L E C
H W N G F O R T H Z U U D H H
J G A U I A E S I O U Q R U T
```

◊ AGATE

◊ ALMANDINE

◊ AMBER

◊ AMETHYST

◊ AUGITE

◊ BARITE

◊ BERYL

◊ BLUE TOPAZ

◊ CELESTITE

◊ CHALCEDONY

◊ EPIDOTE

◊ FLUORITE

◊ GARNET

◊ GEODES

◊ GOLD

◊ JASPER

◊ LIGNITE

◊ OBSIDIAN

◊ OPAL

◊ PEARL

◊ QUARTZ

◊ TURQUOISE

◊ URANIUM

◊ ZINC

Hail to the Chief

```
G S H I V E R S T Y Y D O O M
F M W Y D V A T T Y R C O K E
E I H B H P I E L E K R A L C
R T I H J U S L G W R K E S T
G H T Y Q A A A E S I L P P M
U V E L E N B V T T J T I U M
S C O P N S D R A H C I R N E
O C R O F K E M G K S R L O G
N R C J H B F O K L A E C E R
N E W A O V S U E H I S T V D
C T A R B Y E N I N I O F E P
C S U F B E N F A R H A Z F H
E E E C Y U O D B S S O F K K
S J O W R Z S T Y K O E G I D
I R E L A N D H E R N Z P G G
```

- ◊ DOLPH BRISCOE
- ◊ GEORGE W. BUSH
- ◊ EDWARD CLARK
- ◊ RICHARD COKE
- ◊ OSCAR COLQUITT
- ◊ JOHN CONNALLY
- ◊ PRICE DANIEL
- ◊ MIRIAM FERGUSON
- ◊ WILLIAM HOBBY
- ◊ JAMES HOGG
- ◊ JOHN IRELAND
- ◊ BEAUFORD JESTER
- ◊ DAN MOODY
- ◊ PAT MORRIS NEFF
- ◊ PENDLETON MURRAH
- ◊ ELISHA M. PEASE
- ◊ RICHARD PERRY
- ◊ ANN RICHARDS
- ◊ ORAN M. ROBERTS
- ◊ HARDIN R. RUNNELS
- ◊ ALLAN SHIVERS
- ◊ PRESTON SMITH
- ◊ ROSS STERLING
- ◊ MARK WHITE

Republic of Texas – Part III

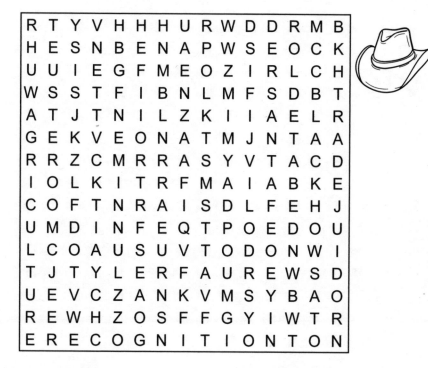

```
R T Y V H H H U R W D D R M B
H E S N B E N A P W S E O C K
U U I E G F M E O Z I R L C H
W S S T F I B N L M F S D B T
A T J T N I L Z K I I A E L R
G E K V E O N A T M J N T A A
R R Z C M R R A S Y V T A C D
I O L K I T R F M A I A B K E
C O F T N R A I S D L F E H J
U M D I N F E Q T P O E D O U
L C O A U S U V T O D O N W I
T J T Y L E R F A U R E W S D
U E V C Z A N K V M S Y B A O
R E W H Z O S F F G Y I W T R
E R E C O G N I T I O N T O N
```

- ◊ AGRICULTURE
- ◊ ARCHIVES WAR
- ◊ JAMES AZNEAU
- ◊ BLACK BEANS DEATH
- ◊ DEBT
- ◊ FRONTIER
- ◊ ANSON JONES
- ◊ JOINT RESOLUTION
- ◊ MANIFEST DESTINY
- ◊ MARY MAVERICK
- ◊ MIER EXPEDITION
- ◊ EDWIN MOORE

- ◊ HENRY MORFIT
- ◊ JAMES K. POLK
- ◊ RECOGNITION
- ◊ SALADO CREEK
- ◊ ALPHONSE SALIGNY
- ◊ SANTA FE
- ◊ SLAVERY DEBATE
- ◊ TRADE ROUTE
- ◊ JOHN TYLER
- ◊ US TERRITORY
- ◊ VASQUEZ INVASION
- ◊ GEORGE T. WOOD

Soldier Boys

```
Y R A N D O L P H Y M J N L E
S S H L I B L Z B V B Z O A L
T G C O L L R Y D A O D I C A
A G M O T E H O W N W L T K D
N I A C A T W G O C I K A L N
L B R R J S S S U K E K T A I
E U I N E B T S R A S K S N T
Y L N D L D H G I A L H A D R
J L E O Y E R R U N C T O Y A
M I S E P M F I E A I B S O M
J S S P A O N C V O R W S W D
V S A B R P I A N E I D I U H
S R R C V S C A R F R V L T E
D Y E S Z J L S T P B S B O R
K I N G S V I L L E U P E V O
```

◊ AIR FORCE

◊ BIGGS ARMY AIRFIELD

◊ BROOKS

◊ CAMP BOWIE

◊ CAMP MABRY

◊ CAMP STANLEY

◊ CAMP SWIFT

◊ CARSWELL AIR FORCE BASE

◊ COAST GUARD

◊ DYESS AIR FORCE BASE

◊ FORT BLISS

◊ FORT HOOD

◊ JOINT BASE BULLIS

◊ KINGSVILLE ARMY ROTC

◊ LACKLAND AIR FORCE BASE

◊ LAUGHLIN AIR FORCE BASE

◊ MARTINDALE ARMY HELIPORT

◊ MARINES

◊ NATIONAL GUARD

◊ NAVAL AIR STATION

◊ NAVY

◊ RANDOLPH AIR FORCE BASE

◊ RED RIVER DEPOT

◊ SHEPPARD AIR FORCE BASE

Jewel on the Gulf: Corpus Christi

```
U Z S W H V M B U T P I Y Y L
L Y I Y M U D L S R M A Z D J
L E D W S A I H E E O A D K J
A G B E B A R D L S R B E R L
H J U P R J E I E C C R R L E
B M R T I N F H N Y I T A A P
O Y Y B D O U C A A E G N O H
B A W T G T G R F B U L O B W
B C L H E L E O G N S L L P I
W P A O U U H C A E B Y Z A L
B V R G J F I Z A T C I S U M
V W E D L L Y W P A U F B N N
R E T N E C A P L T I B R O M
E L U L C L A Z B S W C L O P
B W S M L M A R I T I M E Z W
```

◇ ANTIQUE ROW

◇ ARANSAS REFUGE

◇ ART CENTER

◇ BAY TRAIL

◇ BEACH LOOP

◇ BOB HALL PIER

◇ CRAZY SCAVENGER

◇ DOWNTOWN SEAWALL

◇ FULTON MANSION

◇ HARBOR BRIDGE

◇ HARBOR PLAYHOUSE

◇ HURRICANE ALLEY

◇ LAGUNA MADRE

◇ LAZY BEACH BREW

◇ MARITIME MUSEUM

◇ MUNICIPAL MARINA

◇ MUSIC WALK OF FAME

◇ ORCHID HOUSE

◇ PADRE BALLI PARK

◇ SELENA STATUE

◇ SIDBURY HOUSE

◇ STATE AQUARIUM

◇ SUTER WILDLIFE

◇ TEXAS SURF MUSEUM

```
F V L M M R L L S V S A J K G
M J B U R H E E R O C K B O X
I V S E B H S E W M A M Y B A
J I T I M E S T L E Z W V F P
C I N E M A R K A T J C A D O
R R R A E L G D I R O R J C M
P O E V T O C R A U L T O Y O
S D J S R O I T R U S I W X G
V E M T P F E T Z U V R G I Y
E O S P J E Y P P C F U A H N
A I E J V A O C I S P E P T T
B L E L R C L P J O A L J R S
L M E D U O M Y P S R B L H T
V V Y E R L E S O K I T N A S
N O E D O K C U R T S N O O M
```

- ◊ CINE EL REY
- ◊ CINEMARK
- ◊ COPPELL ARTS
- ◊ COURTYARD
- ◊ FAIR PARK MUSIC
- ◊ MOONSTRUCK
- ◊ MOVIE BISTRO
- ◊ MOVIE REEL
- ◊ ODEON
- ◊ PARIS ADULT
- ◊ PEPSICO RECITAL
- ◊ REGAL JEWEL

- ◊ RIDGLEA
- ◊ RITZ
- ◊ ROCK BOX
- ◊ RODEO CITY MUSIC
- ◊ ROXY
- ◊ SANTIKOS CIBOLO
- ◊ STARLIGHT
- ◊ STARS AND STRIPES
- ◊ TIMES SQUARE
- ◊ TWIN DOLPHINS
- ◊ VELVEETA ROOM
- ◊ WACO HIPPODROME

First Ladies

```
G H N O S R E D N E H G M R G
F N U Y K W A C O E J G U O P
J C I B E A I E Z O H O R S F
A O V L B U S M E H W H R S G
T L M G R A K P T R Z S A H S
K Q Y F E E R U R E Y T H S H
C U L P J C T D I M H N D U I
O I L H H O U S T O N E N B V
B T A C A P N L E I Y M A J E
B T N V M D L P B F A E L E R
U O N O C A M P B E L L E T S
L H O B R I S C O E R C R I K
N D C R E T S E J G O S I H B
Y Z P W D W B U R N E T O W L
F P Y R R E P F H E G P H N M
```

◊ BETTY BRISCOE

◊ HANNAH BURNET

◊ LAURA BUSH

◊ FANNIE CAMPBELL

◊ RITA CLEMENTS

◊ ALICE COLQUITT

◊ NELLIE CONNALLY

◊ SALLIE CULBERSON

◊ FRANCES HENDERSON

◊ SARAH HOGG

◊ MARGARET HOUSTON

◊ JANIE HUBBARD

◊ MABLE JESTER

◊ MILDRED MOODY

◊ SUE ELLEN MURRAH

◊ ANNA IRELAND

◊ ADELE LUBBOCK

◊ LUCADIA PEASE

◊ ANITA PERRY

◊ ELIZABETH ROSS

◊ MARIALICE SHIVERS

◊ MAUD STERLING

◊ LINDA GALE WHITE

◊ MARTHA WOOD

```
E M L O J N W H K O P S C P O
P P A I F S O C A L C A R S T
A A J V O N A U H P D A N G O
N Y U M L A P C A D A A W G N
E A N A A O A U O C M C B E K
L Y T Y L L K E I M H J H I A
S A A E U B A H H H A I H E W
A Z O Y R E T B T C E N T R A
I W F E E U A A A O E D C A R
A H O I A P W L U M B N F H P
N B S I K A I R N N A O O S E
I B J W K P J F F B F M S P R
S I H O A C A T T A H S U O C
A C N N P A R A N A M A K L W
H I E Y E I S H U M U V B P A
```

◊ ALABAMA

◊ APACHE

◊ ARANAMA

◊ ATAKAPA

◊ CADDO

◊ COMANCHE

◊ COUSHATTA

◊ EYEISH

◊ GEIER

◊ HASINAI

◊ KIOWA

◊ LA JUNTA

◊ LENAPE

◊ LIPAN

◊ MANSO

◊ MAYEYE

◊ NECHE

◊ OUACHITA

◊ PAYAYA

◊ PUEBLOANS

◊ TAWAKONI

◊ TOBOSO

◊ TONKAWA

◊ WACO

Highways and Byways – Part III

```
E U S Y D N I C E M E T E R Y
R E D R E V L U B O A H E R S
T W U R Z B A C H L A F L O K
I M H S H E Z E E U Q S Y B T
M Y A V U M U E C A L A P I W
B T W H C E V Z O P B U R N S
E U K G G Z E E V L V T E H S
R R W R R N G L A Z W H M O O
G N O K G N I K L E N C O O L
M P L D A B J T L E A B G D E
L I F R O W M V T R N C B A D
J K O H G R E N R O H O L Y A
O E P A U L A I M N N Z R H D
I P Z J S T Z M A N C H A C A
W W I L O O R E T I P U J E N
```

- ◊ <u>BULVERDE</u> ROAD
- ◊ CAMBRIDGE <u>OVAL</u>
- ◊ <u>CARRIZO</u>
- ◊ <u>CEMETERY</u> LANE
- ◊ <u>CINDY SUE</u> WAY
- ◊ COUNTESS <u>PALACE</u>
- ◊ GEORGE <u>BURNS</u>
- ◊ <u>GOMER PYLE</u> DRIVE
- ◊ HAWK <u>WOLF</u> CREEK
- ◊ <u>HOLY</u> TRINITY
- ◊ <u>JUPITER</u> ROAD
- ◊ <u>KING KONG</u>

- ◊ LOOP <u>TWELVE</u>
- ◊ <u>MANCHACA</u>
- ◊ <u>NOTTINGHAM</u>
- ◊ <u>ORANGE</u> BLOSSOM
- ◊ <u>ROBIN HOOD</u> PLACE
- ◊ SANTA <u>PAULA</u>
- ◊ <u>SOLEDAD</u> STREET
- ◊ <u>SQUEEZE</u> PENNEY
- ◊ <u>SUE ELLEN</u> CIRCLE
- ◊ <u>TIMBER</u> LOCHE
- ◊ <u>TURNPIKE</u>
- ◊ <u>WURZBACH</u> ROAD

Tops in Crops

```
S A I U L U Y S P S N A C E P
E S T U N A E P R S E V D E G
V T W H I T E G O L D J F Z E
I I N N U T E G O A E Z H I I
L U I Y U R S I N A H I O A L
O R A E C I R E V I T A N M Y
A F R A U F S S R N H S P R P
Y S G P Z C G A S I J S A W E
W U D D H A U Z I A A N I H V
H R E Y R T L U O P C H O F C
E T E M I T N Y G H E R O O C
A I F M T L E N I W S E T M V
T C B M I E S N S E W T H F R
A E Y L A E G Y S Z O K I S Y
R S O R G H U M G N I M R A F
```

◊ ACRE

◊ CATTLE

◊ CITRUS FRUIT

◊ COTTON

◊ FARMING

◊ FEED GRAIN

◊ FISHING

◊ GOATS

◊ HAY

◊ HORSES

◊ MAIZE

◊ MOHAIR

◊ NATIVE RICE

◊ OLIVES

◊ PEANUTS

◊ PECANS

◊ POULTRY

◊ RANCHING

◊ SHEEP

◊ SORGHUM

◊ SWINE

◊ TIMBER

◊ WHEAT

◊ WHITE GOLD

Coming To Texas

```
O T O E K K R A M N E D S N A
M A J J N I G E R I A G F O I
E G Y P T V D E R W N T C S S
N R O D A V L A S L E V D N S
G Y N V T M U P T C M N E O U
L W N J U E P H O H A C Z N R
A H V N R X N A I L N S C A I
N I E L K I V O R A A H I B R
D T N Z E C G E R M A N Y E E
B Z E E Y O H F N W V K D L L
Z J Z K M T Y E E I A R N G A
A B U C E R L L D W N Y I F N
F V E N A P A J E Y I C A J D
J D L H O J T Y W V H S P P H
O M A N T E I V S H C V S I W
```

◊ ARMENIA

◊ CHINA

◊ CUBA

◊ DENMARK

◊ EGYPT

◊ EL SALVADOR

◊ ENGLAND

◊ FRANCE

◊ GERMANY

◊ IRELAND

◊ ITALY

◊ JAPAN

◊ LEBANON

◊ MEXICO

◊ NETHERLANDS

◊ NIGERIA

◊ NORWAY

◊ POLAND

◊ RUSSIA

◊ SPAIN

◊ SWEDEN

◊ TURKEY

◊ VENEZUELA

◊ VIETNAM

Life On the Frontier – Part II

```
U G E Y C O M P R O M I S E M
A K L A U T I R I P S T V H I
Y R A R B I L G U R A P N S C
K S Z F O L K T A L E O A S H
T H G I E R F U O Y A B N I N
I E G N E W S P A P E R O L O
R J N C H Y K R V L L L T B I
E S U O H T H G I L W K S T T
G S T J S U I O D D A C U R I
I A I D C W R S N S C H O O L
S L E M A I L C O A C H H F O
T L Z W D A E R H Y I P G R B
E A R I O G R A N D E D J W A
R D N T G N I M R A F K N B H
S T E A M B O A T T D W C I H
```

◊ ABOLITION

◊ BIG CYPRESS BAYOU

◊ CADDO LAKE

◊ CHURCH

◊ COMPROMISE

◊ CONDENSED MILK

◊ DALLAS

◊ FARMING

◊ FOLKTALE

◊ FORT BLISS

◊ FREIGHT WAGON

◊ HOUSTON

◊ INDIAN TERRITORY

◊ LIBRARY

◊ LIGHTHOUSE

◊ MAILCOACH

◊ NEWSPAPER

◊ PORT ISABEL

◊ RIO GRANDE

◊ SCHOOL

◊ SPIRITUAL

◊ STEAMBOAT

◊ TEXAS REGISTER

◊ ZEITUNG

Howdy Neighbor

```
C R G R O L Y A T C T M S T H
S I U A M O H A L K O R E N T
O O I N D Y C S E G T A T O P
S G L O U I S I A N A W A E C
I R U I V I S I X B I T T L O
H A W T V D R A N E I V S O A
C N I A N B C E S O M N Z V H
P D D X H G U Z D N I L E E U
O E A E S P A I N R A S V U I
N C S N E D S D A G I K S N L
F R A N C E G Z J K W V R E A
K C R A Y T O F G U L F E A C
B C H I H U A H U A S U P R K
A L I G U A D A L U P E Y Z M
B Z S P N U E C E S M P C E E
```

◊ ANNEXATION

◊ ARKANSAS

◊ CHIHUAHUA

◊ CHISOS

◊ COAHUILA

◊ DAVIS

◊ FRANCE

◊ GADSDEN PURCHASE

◊ GILA RIVER

◊ GUADALUPE

◊ GULF OF MEXICO

◊ LOUISIANA

◊ MEXICAN CESSION

◊ MEXICAN WAR

◊ NEW MEXICO

◊ NUECES

◊ NUEVO LEON

◊ OKLAHOMA

◊ RED RIVER

◊ RIO GRANDE

◊ SABINE

◊ SPAIN

◊ ZACHARY TAYLOR

◊ UNITED STATES

Feathered Friends

```
M P R V D R I B E U L B E B E
O R E E D A K C I H C H V J U
O A P O E B K I T W C G D F L
Y I I S S Y R J R N M D L A B
R R P L P U O O I G O Y N W D
E I D S S V C F E W C I O Y E
D E N U P N K S N A D R R T T
T N A G O R T Y T R R O E S F
A U S R Z H T C A A V A I A U
I T E A Y I H C P I R I Y E T
L H M C B E I S C M B L P L R
S A F K R D E T N I A P I O R
J T B L U E J A Y E R O B N P
C C R E A T M O U R N I N G G
V H Y U Y W A X W I N G A L I
```

◊ BALD EAGLE

◊ BLUEBIRD

◊ BLUE JAY

◊ CARDINAL

◊ CEDAR WAXWING

◊ CHICKADEE

◊ DOWNY WOODPECKER

◊ FINCH

◊ FLYCATCHER

◊ GRACKLE

◊ GREAT BLUE HERON

◊ HOUSE SPARROW

◊ IVORY BILL

◊ LEAST TERN

◊ MOURNING DOVE

◊ PAINTED BUNTING

◊ PRAIRIE CHICKEN

◊ RED TAIL HAWK

◊ ROBIN

◊ ROCK PIGEON

◊ SANDPIPER

◊ STARLING

◊ TUFTED TITMOUSE

◊ WHITE NUTHATCH

Choo Choo

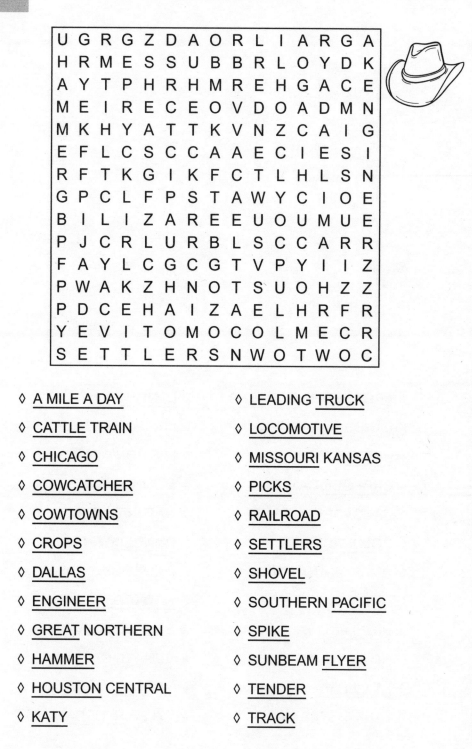

```
U G R G Z D A O R L I A R G A
H R M E S S U B B R L O Y D K
A Y T P H R H M R E H G A C E
M E I R E C E O V D O A D M N
M K H Y A T T K V N Z C A I G
E F L C S C C A A E C I E S I
R F T K G I K F C T L H L S N
G P C L F P S T A W Y C I O E
B I L I Z A R E E U O U M U E
P J C R L U R B L S C C A R R
F A Y L C G C G T V P Y I I Z
P W A K Z H N O T S U O H Z Z
P D C E H A I Z A E L H R F R
Y E V I T O M O C O L M E C R
S E T T L E R S N W O T W O C
```

◊ A MILE A DAY

◊ CATTLE TRAIN

◊ CHICAGO

◊ COWCATCHER

◊ COWTOWNS

◊ CROPS

◊ DALLAS

◊ ENGINEER

◊ GREAT NORTHERN

◊ HAMMER

◊ HOUSTON CENTRAL

◊ KATY

◊ LEADING TRUCK

◊ LOCOMOTIVE

◊ MISSOURI KANSAS

◊ PICKS

◊ RAILROAD

◊ SETTLERS

◊ SHOVEL

◊ SOUTHERN PACIFIC

◊ SPIKE

◊ SUNBEAM FLYER

◊ TENDER

◊ TRACK

Scenic Wonderland – Part II

```
L K G N Y M D V S G G I E P S
I C S E N I H B O C F T G H S
A O O E I C A R Y Z J E D I U
R R Y L N Y M D E S J C I G N
T P L A O A E Z N P L U R H K
L A R U N R O I A T O A B L E
D C M C W L A D D C N T A A N
M A R F A T R D E H G K T N H
B B A V N E O O T H T I D S
P E S U R J B N S J O N L H N
M W O Y O F S M Z A R L L C E
K M I S S I O N K F N D I F D
B O N N E L L Z W L N T V P R
L P S I S A O S N R E V A C A
B T T R O P K C O R Z P L W G
```

◊ ARBORETUM GARDENS

◊ BANDERA RANCH

◊ BAYOU BEND

◊ CAPROCK CANYON

◊ CASCADE CAVERNS

◊ COLORADO BEND

◊ DAVIS MOUNTAINS

◊ GORMAN FALLS

◊ HIGHLAND LAKES

◊ HINES WATERFALL

◊ LA VILLITA

◊ LAKE TRAVIS OASIS

◊ LONGHORN

◊ MARFA PRADA

◊ MISSION WALK

◊ MOUNT BONNELL

◊ NATURAL BRIDGE

◊ PADRE ISLAND

◊ PILOT POINT TULIP

◊ ROCKPORT BEACH

◊ SANTA ELENA TRAIL

◊ SUNKEN GARDEN

◊ TAU CETI MURAL

◊ TYLER ROSES

Artists and Art Makers

```
O B H R E Y O E K N S S W Y M
L H S U O M C C L E A R Y G G
I M R V C F U E P L L T J F E
V V D S S K A V I R P O K F N
E L O L A T A N I C H O L S T
R L Z V R F A B G G H T R M L
W H I T E S H H Y G V A T C I
W J E G T S T N U O F Y R C N
Y K R Y O K D A N E R R A W G
K L R I S N E M B R E Y B N Z
K E E M Y R V E C S B C N D E
V S L S H U N T E R P Y U N D
F T H K S U M M E R S E D A L
Z E U W Y N S T N A R B E R A
Z R R E L L E S A L U O K D V
```

◊ CYNTHIA BRANTS

◊ OTIS DOZIER

◊ AMANDA DUNBAR

◊ CARL RICE EMBREY

◊ STUART GENTLING

◊ SEDRICK HUCKABY

◊ WARREN HUNTER

◊ SHARON KOPRIVA

◊ TONI LASELLE

◊ WILLIAM LESTER

◊ VERDA LIGON

◊ MARY MCCLEARY

◊ VICKI MEEK

◊ AUDREY NICHOLS

◊ KERMIT OLIVER

◊ STEPHEN THOMAS RASCOE

◊ FRANK REAUGH

◊ PORFIRIO SALINAS

◊ JULIE SPEED

◊ ROBERT SUMMERS

◊ RUTH PERSHING UHLER

◊ VINCENT VALDEZ

◊ MELVIN WARREN

◊ VERNON WHITE

```
R G S V B L A V A J N A A M K
N D A H I O K X Y N J G Z T W
E M T Y G K D E R T E D C I R
L S I C B Z O M E V S L Y W L
S F J N E E V X C Y R V E L A
O N A V N S N E O S E S E S U
N S F I D I Z T R Y N D E N S
A M R P L R B C G O I S F H T
P H S P A L S K B B H T E P I
S P O Y L N T O E W S E O L N
R J T W R S T A H O C T H I J
M G I C K V J E R C Z S Y Q C
B A R B E Q U E R Z A O U U W
F O F R I D A Y S A I N L I P
T I L I H C R E P P E P R D D
```

- ◊ ALAMO SHRINE
- ◊ AUSTIN CITY LIMIT
- ◊ BARBEQUE
- ◊ BIG BEND
- ◊ CHILI CON CARNE
- ◊ DALLAS COWBOYS
- ◊ DELL COMPUTERS
- ◊ DR PEPPER
- ◊ FAJITAS
- ◊ FRIDAY FOOTBALL
- ◊ FRITOS
- ◊ H-E-B GROCERY STORE

- ◊ JANIS JOPLIN
- ◊ LIQUID PAPER
- ◊ NACHOS
- ◊ NASA
- ◊ WILLIE NELSON
- ◊ PANTERA
- ◊ SELENA
- ◊ SHINER BEER
- ◊ STETSON HATS
- ◊ TEX MEX FOOD
- ◊ TITO VODKA
- ◊ ZZ TOP

Solutions

1 • **2** • **3** • **4** • **5** • **6**

Solutions

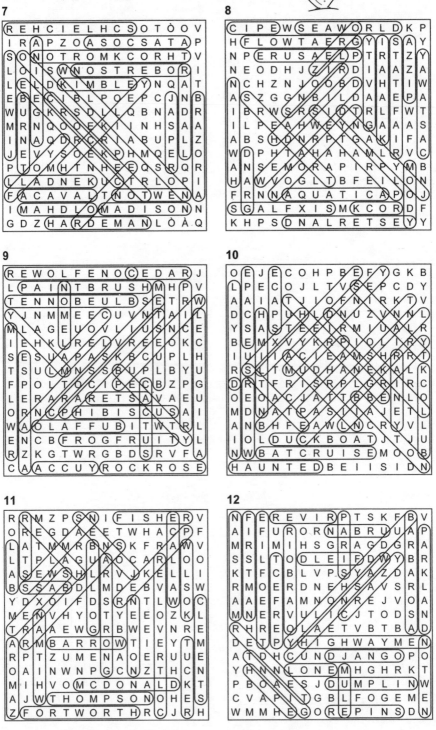

Solutions

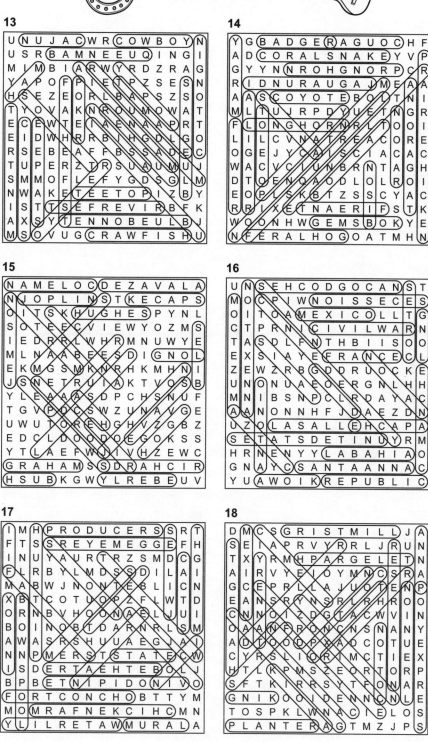

Solutions

19

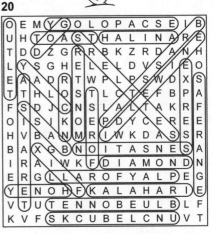

20

21

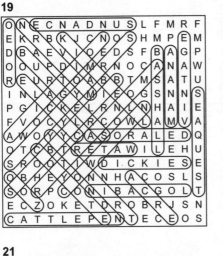

22

23

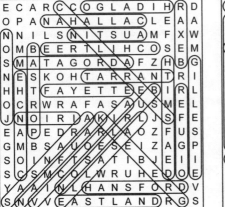
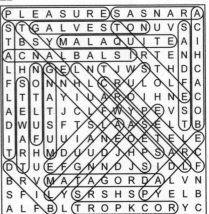

24

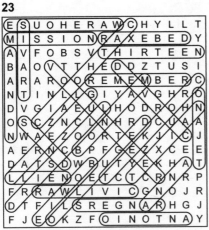
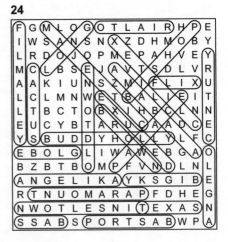

Solutions

25

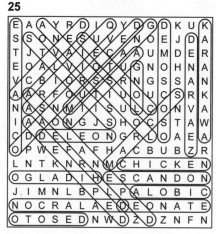

26

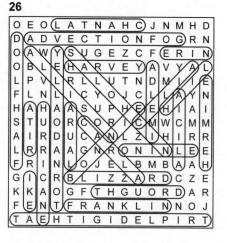

27

28

29

30

Solutions

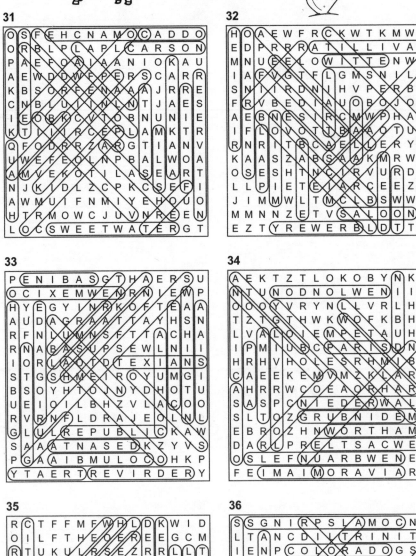

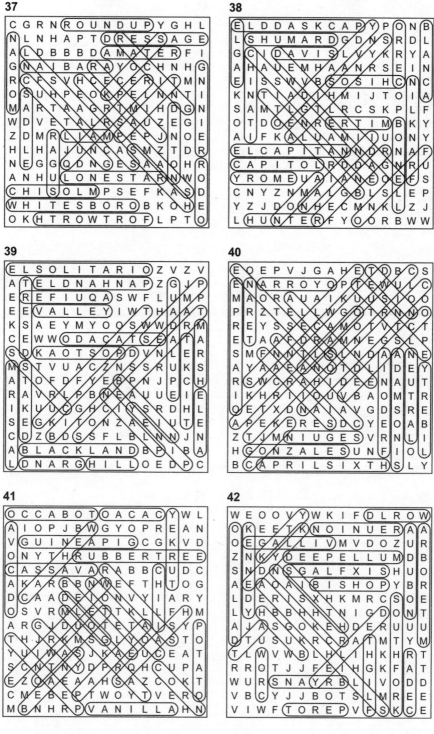

Solutions

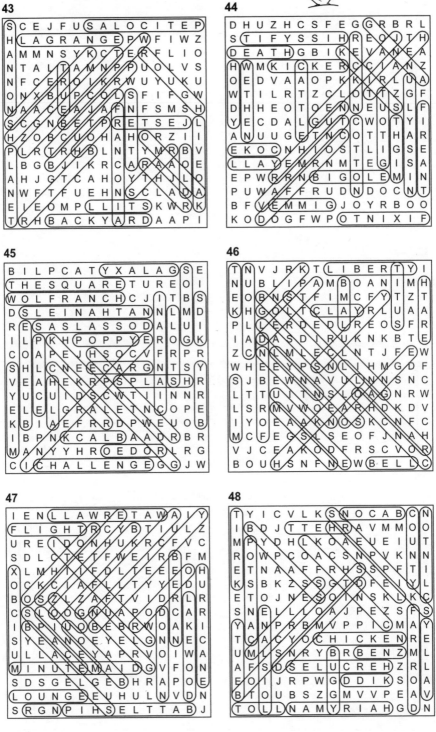

43

44

45

46

47

48

Solutions

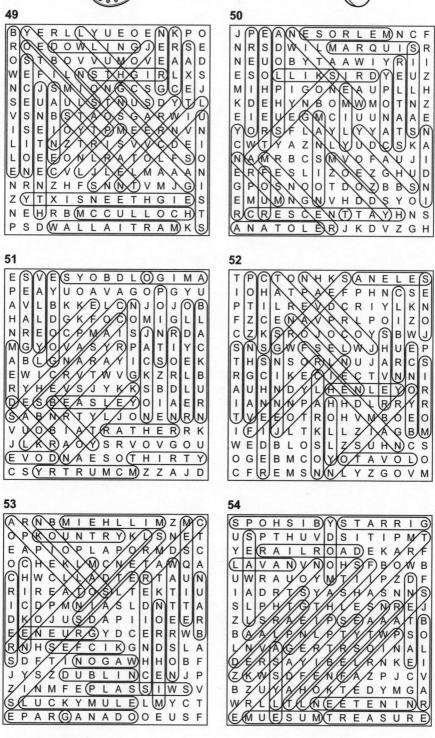

49

B Y E R L L Y U E O E N K P O
R O E D O W L I N G J E R S E
O S T B O V V U M O V E A A D
W E F I L N S T H G I R L X S
N C J S M I O N G C S G C E J
S E U A U L S I N U S D Y T L
V I N E B S T A C S G A R W I U
I S E I O Y T P M E E R N V N
L I T N Z T R I S V V C D E I
L O E E O N L R A T O L F S O
E N E C V L J J L E L M A A A N
N R N Z H F S N N T V M J G I
Z Y T X I S N E E T H G I E S
N E H R B M C C U L L O C H T
P S D W A L L A I T R A M K S

50

J P E A N E S O R L E M N C F
N N R S D W I L M A R Q U I S R
N E U O B Y T A A W I Y R I I Z
E S O L L I K S R D Y E U Z
M I H P I G O N E A U P L L H Z
K D E H Y N B O M W M O T N A Z
E I E U E G M C I U U N A S E
Y O R S F L A Y L Y Y A T S N
C W T Y A Z N L Y U D C S K A I
N A M R B C S M V O F A U J I
E R F E S L I Z O E Z G H U D
G P O S N Q O T D O Z B B S N
E M U M N G N V H D D S Y O I
R C R E S C E N T A Y H N S
A N A T O L E R J K D V Z G H

51

E S V E S Y O B D L O G I M A
P E A Y U O A V A G O P G Y U
A V L B K K E L C N J O J O B
H A L D G K F O C O M I G L L
N R E O C P M A I S I N R D L A
M G Y O V A S Y R P A T I Y C
A B L G N A R A Y I C S O E K
E W I C R V T W V G K Z R L B
R Y H E V S J Y K K S B D L U
D E S B E A S L E Y O I A E R
S A B N R T Y L J O N E N R N
V U O B I A T R A T H E R R K
J L K R A O Y S R V O V G O U
E V O D N A E S O T H I R T Y
C S Y R T R U M C M Z Z A J D

52

T P C T O N H K S A N E L E S
I O H A T P A E F P H N C S E
P T I R E V D C R I Y L K N O
F Z C K S R O J O C O Y S B W J
S N S G W F S E L W J H U E P
T H S N S O R L N U J A R C S
R G C I K E C I E C T V N N I
A U H N D Y L H E N L E Y O R
M N N P A H H D L R R R O M
T V E E O T R O H V M B O E O
I F J L T K L L Z I A G B M
W E D B L O S L Z S U H N C S
O G E B M C O Y O T A V O L O
C F R E M S N N L Y Z G O V M

53

A R N B M I E H L L I M Z M C
O P K O U N T R Y K L S N E T
E A P I O P L A P O R M D S C
O C H E K L M C N E T A W Q A
C H W C L L A D T E R T A U N
R I R E A T O S L T E K T I U
I C D P M N I A S L D N T T A
D K O J U S D A P I I O E E R
E E N E U R G Y D C E R R W B
R N H S E F C I K G N D S L A
S D F T I N O G A W H H O B F
J Y S Z D U B L I N C E N J P
Z I N M F E P L A S S I W S
S L U C K Y M U L E L M Y C T
E P A R G A N A D O O E U S F

54

S P O H S I B Y S T A R R I G
U S P T H U V D S I T I P M T
Y E R A I L R O A D E K A R F
L A V A N V N O H S F B O W B
U W R A U O Y M T I I P Z D F
I A D R T S Y A S H A S N N S
S L P H T G T H L E S N R E J
Z U S R A E L P S E A A A T B
B A A L P N L P T Y T W P S O
L N V A G E R T R S O I N A L
D E R S A Y I B E L R N K E I
Z K W S D F E N F A Z P J C V
B Z U Y A H O K T E D Y M G A
W R L L T L N E E T E N I N R
E M U E S U M T R E A S U R E

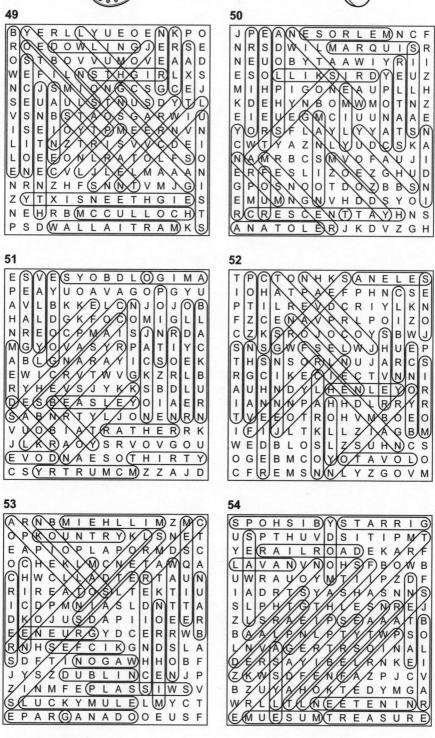

Solutions

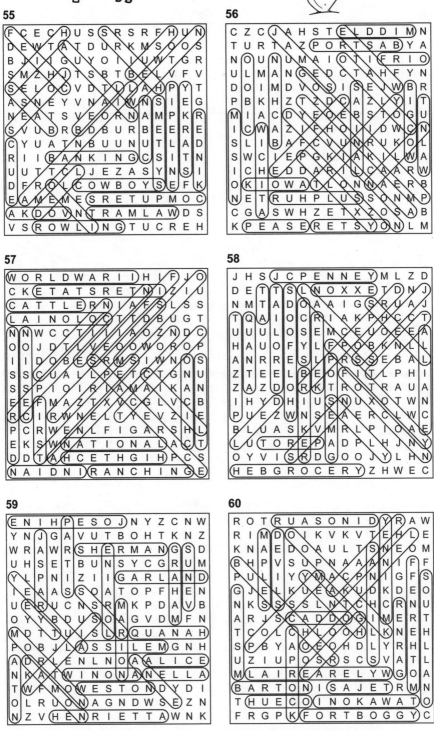

55

```
F C E C H U S S R S R F H U N
D E W T A T D U R K M S O O S
B J I I G U Y O I I U W T G R
S M Z H J T S B T B E L V F V
S E L O C V D T L A H P Y T
A S N E Y V N A I W N S I E G
N E A T S V E O R N A M P K R
S V U B R B D B U R B E E R A
C Y U A T N B U U N U T L A D
R I I B A N K I N G C S I T N
U U T T C L J E Z A S Y N S I
D F R O L C O W B O Y S E F K
E A M E M E S R E T U P M O C
A K D O V N T R A M L A W D S
V S R O W L I N G T U C R E H
```

56

```
C Z C J A H S T E L D D I M N
T U R T A Z P O R T S A B Y A
N O U N U M A I O T I F R I O
U L M A N G E D C T A H F Y N
D O I M D V O S I S E J W B R
P B K H Z T Z D C A Z L Y I T
M I A C D Y E O E B S T O G U
I C W A Z I F H O I I D W C N
S L I B A F C V U N R U K O L
S W C I E P G K I A K I L W A
I C H E D D A R I L C A A R W
O K I O W A T L O N N A E R B
N E T R U H P L U S S O N M P
C G A S W H Z E T X Z O S A B
K P E A S E R E T S Y O N L M
```

57

```
W O R L D W A R I I H I F J O
C K E T A T S R E T N I Z I U
C A T T L E R N I A F S L S S
L A I N O L O C T I A O B U G T
N N W C C T I I I A O Z N D C
O O J D T L V E Q O W O R O P
I I D O B E S R M S I W N O S
I S C U A L L P E T C T G N U
S S P I O I R I A M A I K A N
E E F M A Z T X V C G L V C B
R C I R W N E L T Y E V Z I E
P C R W E N L F I G A R S H L
E K S W N A T I O N A L A C T
D D T A H C E T H G I H P C S
N A I D N I R A N C H I N G E
```

58

```
J H S J C P E N N E Y M L Z D
D E T T S L N O X X E T D N J
N M T A D O A A I G S R U A J
T Q A I O C R I A K P H C C T
U U U L O S E M C E U O E E A
H A U O F Y L F P O B K N L L
A N R R E S L P R S S E B A L
Z T E E L B E O F I T L P H I
Z A Z D O R K T R O T R A U A
I H Y D H I U S N U X O T W N
P U E Z W N S E A E R C L W C
B L U A S K V M R L P I O A E
L U T O R E P A D P L H J N Y
O Y V I S R D G O O J Y L H N
H E B G R O C E R Y Z H W E C
```

59

```
E N I H P E S O J N Y Z C N W
Y N J G A V U T B O H T K N Z
W R A W R S H E R M A N G S D
U H S E T B U N S Y C G R U M
Y L P N I Z I I G A R L A N D
I E A A S S Q A T O P F H E N
U E R U C N S R M K P D A V B
O Y Y B D U S O A G V D M F N
M D T T U I S L R Q U A N A H
P O B J L A S S I L E M G N H
A D R L E N L N O A A L I C E
N K A T W I N O N A N E L L A
T W F M O W E S T O N D Y D I
O L R U O N A G N D W S E Z N
N Z V H E N R I E T T A W N K
```

60

```
R O T R U A S O N I D Y R A W
R I M D O I K V K V T E H L E
K N A E D O A U L T S N E O M
B H P V S U P N A A A N I F F
P U L I Y Y M A C P N I G F S
G J E L K U E A K U D K D E O
N K S S S L N T C H C R E N U
A R J S C A D D O G I M E R T
T C O L C H L O O H L K N E H
S P B Y A O E O H D L Y R A L
U Z I U P O S R S C S V A T L
M L A I R E A R E L Y W G O A
B A R T O N I S A J E T R M N
T H U E C O I N O K A W A T O
F R G P K F O R T B O G G Y C
```

Solutions

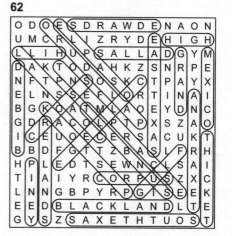

61

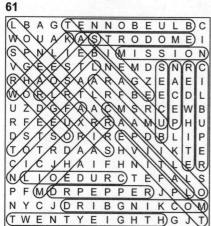

```
L B A G T E N N O B E U L B C
W O U A K A S T R O D O M E I
S P N L I E B I M I S S I O N
V G E E S T L N E M D S N R C
R H A O S A A R A G Z E A E I
W O R L R T L R F B E E C D L
U Z D G F A A C M S R C E W B
R F E E U X R R A A M U P H U
D S T S O R I R E P D B L I P
T O T R D A A S H V I K T E
C I C J H A I F H N I T L E R
N L I O E D U R C T E F A L S
P F M D R P E P P E R J P L O
N Y C J D R I B G N I K C O M
T W E N T Y E I G H T H G J T
```

62

```
O D O E S D R A W D E N A O N
U M C R L I Z R Y D E H I G H
L L I H U P S A L L A D G Y M
D A K T O D A H K Z S N R P E
N F T P N S O S K C T P A N X
E L N S S E F L O R T I N A I
B G K O A T M L A Q E Y D N C
G D R A C O L P T P X S Z A O
I C E U O E C E R S A C U K T
B B D F G T T Z B A S L F R H
H P L E D T S E W N C L S A I
T I A I Y R C O R P U S Z X C
L N G B P Y R P G I S E E K
E E D B L A C K L A N D L T E
G Y S Z S A X E T H T U O S T
```

63

```
O W G E D Y L P I O N E E R B
D P F E G A L L I V B U H L E
I C U E G S U M M E R S U S M
L Z V E P L A Z A Y B E Q O I
N D R A P M A K L M S U Z A L
E Y R K O L W O B E I V O M L
D I C P R R O O I R S X D A E
S I R D E K E J E D C O L N N
N Y H V D Y Y C C W T F R S I
O V T H L L V Z I W R O O I I
I O E D E I I W H T A W O U L
L D L P T H G I L S A G E N M
T H O N T S R F E F M L N M E
U N I V E R S I T Y S J O E P
V S V J R A T A F V W N V H R
```

64

```
P S G N R I L D E F O N S O B
V F C W E L A P O S T O L V T
O M I S I T N A S E G S J H C
I N L R V J E A L T Y O M S A
C L O C A V S S J N S W O A J
A V H I X P C D W E J W L E D
N H T T C R K H U M R C O R E
G L A Q U P V A M E S A R T V
Y E C Z G I E M U L U O E S A
I E S P A D A C N C P C N O L
P U E B L O S E N O R A Z L E
G U A D A L U P E O O D Z L O
Y E H W H J U A N S C U U D S
A G U S T I N K A N T O N I O
S E R O L O D A D I V A N A L
```

65

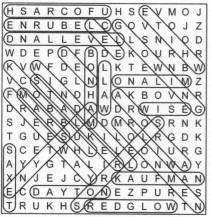

```
H S A R C O F U H S E V M O J
E N R U B E L C G O V T O J Z
D N A L L E V E L S N I O D
W D E P D F B D E K O U R H R
K V W F D E O L K T E W N B W
V C S I G L N L O N A L I M Z
F M O T N D H A A K B O V N R
D R A B A D A W D R W I S E G
S J E R B I M D M R O S R N K
T G U E S U K I L O L R G D K
S C E T W H L E L E D I U R G
A Y Y G T A L I R L O N W A Y
X N J E J C Y R K A U F M A N
E C D A Y T O N E Z P U R E S
T R U K H S R E D G L O W T N
```

66

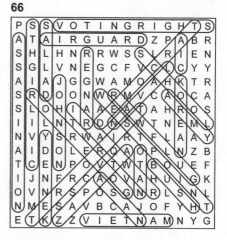

```
P S S V O T I N G R I G H T S
A T A A I R G U A R D Z P A B R
S H L H N R R W S S I R I E N
S G L V N E G C F V C I C Y Y
A I A J G G W A M O A H K T R
S R D O O N W R M V C A O C A
S L O H I A A E A T A H R O S
I I L N T R D M S W T N E M L
N V Y S R W A I R T F L A A Y
A I D O L E R C A O P L N Z B
T C E N P O V T W T B O U E F
I J N E F R C A O V A H U I G K
O R S P O S G N R L S N L
N M E S A V B C A J O F Y H T
E T K Z Z V I E T N A M N Y G
```

Solutions

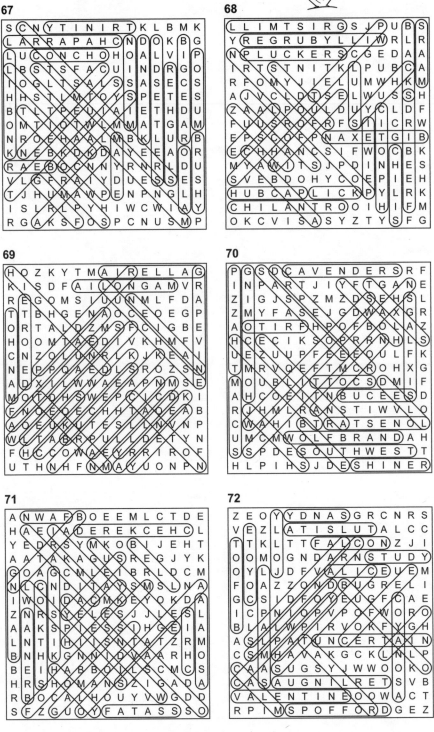

67

68

69

70

71

72

Solutions

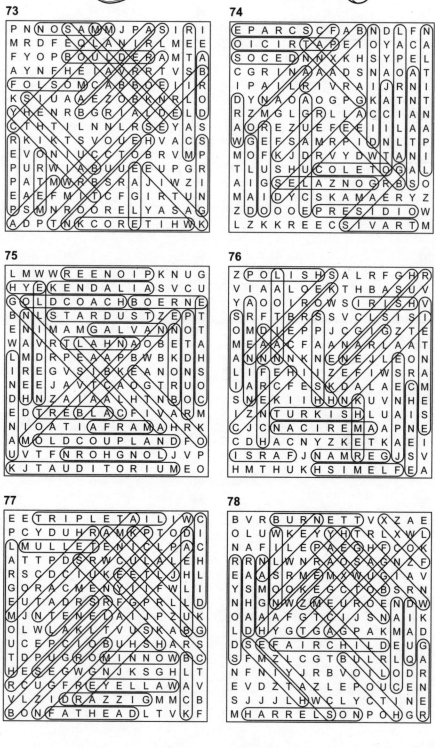

Solutions

79

80

81

82

83

84

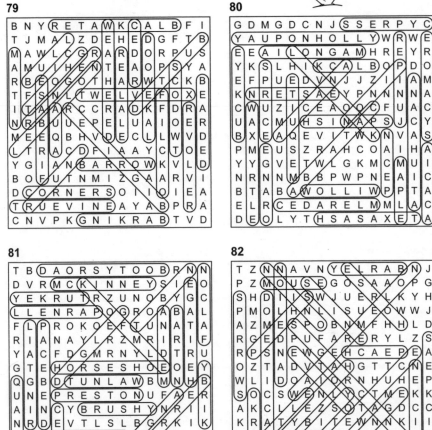

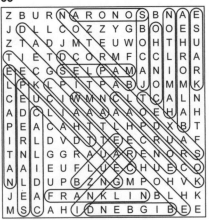

Solutions

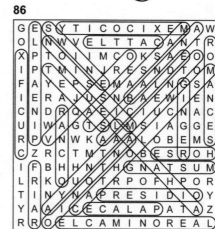

85

```
N G D S E E E G F A R U F H T
A N U Y T J H E N E W F H S U
A R I T U I O S U Z I J N J S J
R R K C M I U M W A R D T S O L
O R H C G V L P P L V N T R U
W A M R E L U M E U L B E C J
A B A U T E D I V I N E F B N
N P N M F W F N E N I R I N A
D D Y O V T T T E F M D R I B
R E T R A C A F E P G R E F A
E J T O O L I J A K A R L F S
U G N I S E S I G N O R I U T
C L A U S A C A L L E B G M R
C E U T Y A W A E D I H H T I
I F A L L C R E E K V Z T B S
```

86

```
G E S Y T I C O C I X E M A W
O L N W V E L T T A C A N T R
X I P T O I I M C O K S A E O O
I F A Y E P S E M A A L N G S A
I C N D R Q A E I C I U C N A C
U I W A G T S L M S I A G G E
R P V N W K A A A L O B E M S
C Z R C T M T N O B E S R O H
I F B H H N T H G N A T S U M
I L R K O U O T R P O F H P O R
T I N Y N A P R E S I D I O Y
Y A A I C E C A L A P A T A Z
R R O E L C A M I N O R E A L
```

87

```
P T N G V Y N O M A N N I C M
D A M A S K C C T I F E R N E
V I V A M A X N K W L U Z I L
T W W E D G E U E T J W Y C L
H O C I L A C S S G B P A N O
E V N D O T T A K T E E Z L W
M J D Z H W C Y L E H R T V C
L F T F A N L L T E S K F M
O W C R G L I S U D C I K K M
C F D J U H H R N W H A K O P
K H T K T H E A D O H N T H C
O B S O L B E Z P U I M H K B
E E O P A L M E T T O L A A T
R B H B O M I L I T A R Y S H
I A G W I M B L E D O N F Y E
```

88

```
Z U A J H B E O R E R R E U G
T K O C I X E M G H O N B G D
W H B K D I E E G Y I E N E J
O W G Y J D I H L M R O A N L
I T M U I S U G A W L R E I
R R D N O O F F F F R O E A N
A T A Z U R F E Z E G N G P I
S E R O L O D E D L V D A S M
E W G W J W V O A I O T M W O
R E V A C L N D O N B G G E C
P D D L A D I K A R E R V N N
M E A G O H K J T L F Z U A O
E S O V G S E L A C A J L T J
H C L A R T U E N R V O S E I
N T V N A P O L E O N D M T O
```

89

```
R L U T M T A E S T E L I O T
L L A G V Y N L T R A G L J E
W I G T L S H B I O P R A D A
P H H B O A H K D E O M H I E
E E N M A S S N A W N B A U B
G L L P F Y A S A F R A M U K
A T G N I L E V A R T K B N R
S S S O N A S I A P H B U L A
U A A N F N L G U N L J S E T
S C G U K U R E T E T P V S
W O R O C E T L A E M T A O H
L E F F I E T U L N P G R H T
D J I U V D B T R S I F K S
L L E R R A J D L O U N Y E O
S C H R D C C H T E G N G G O
```

90

```
F L S N Y A D H T R A E V I R
R N T O N M A T A G O R D A E
O O H F O O D T R U C K A T L
N L G F T O L D E T Y M E R T
T D I I N C E L T I C E N M A
I L E A E W E G C R N A A R
E O E S C L E R I T G U H R B
R R N T V Z A R S T R A N D W
I E M A R N O N G O R A A I B
O H Z U D T A A C M R T T G I
O E B K S C B K D N O E U L I
L A I E I P R H N X T A L
H D H P Y O C O C A J R A S
L D E R R I C K S H N B W C H
S O U T H P A D R E T F A R C
```

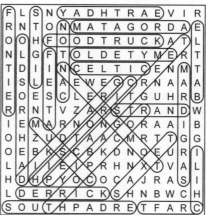

153

Solutions

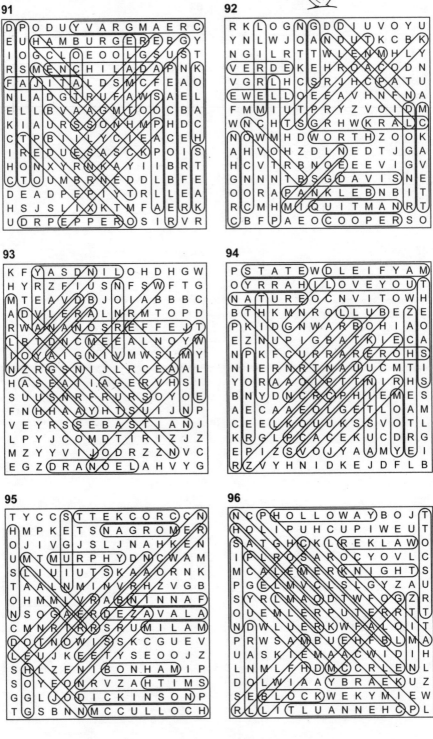

Solutions

97

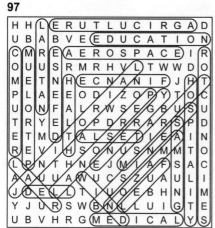

98

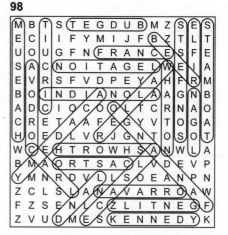

99

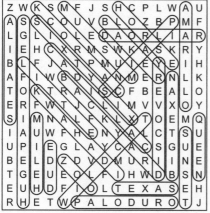

100

101

102

Solutions

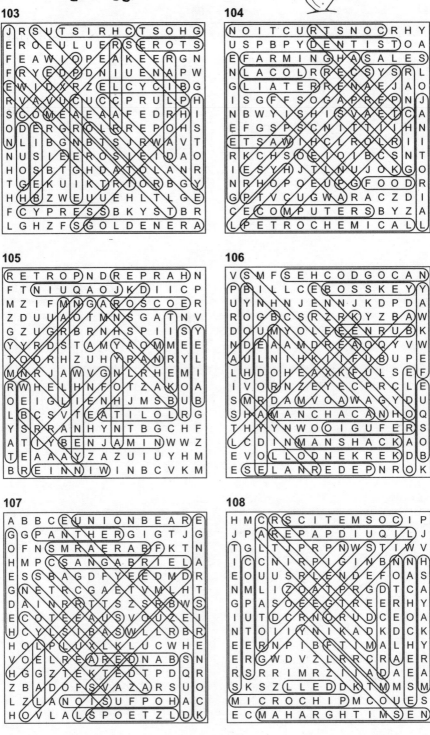

103

104

105

106

107

108

Solutions

109

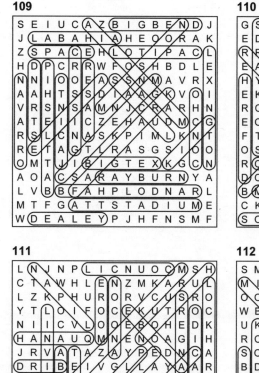

110

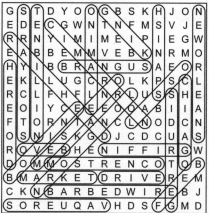

111

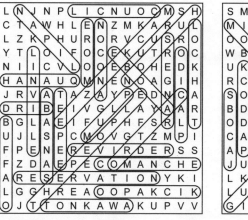

112

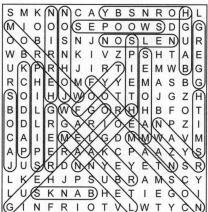

113

114

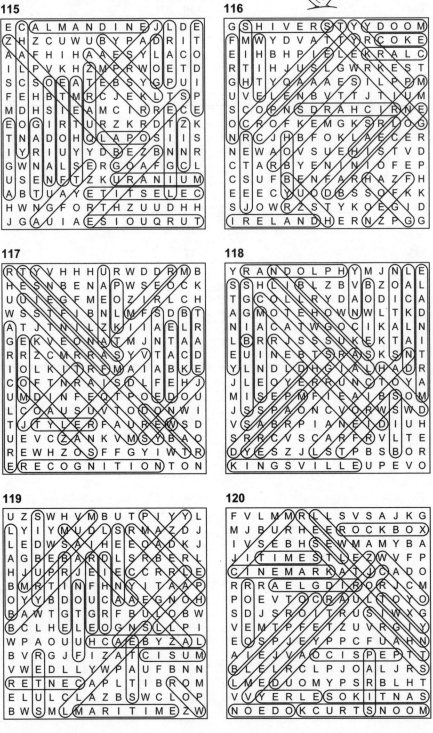

115

116

117

118

119

120

Solutions

121

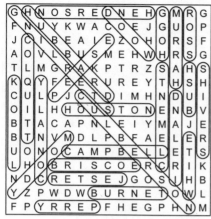

```
G H N O S R E D N E H G M R G
F N U Y K W A C O E J G U O P
J C I B E A I E Z O H O R S F
A O V L B U S M E H W H R S G
T L M G R A K P T R Z S A H S
K Q Y F E E R U R E Y T H S H
C U L P J C T D I M H N D U I
O I I L H H O U S T O N E N B V
B T A C A P N L E I Y M A J E
B T N V M D L P B F A E L E R
U O N O C A M P B E L L E T S
L H O B R I S C O E R C R I K
N D C R E T S E J G O S H H B
Y Z P W D W B U R N E T O W L
F P Y R R E P F H E G P H N M
```

122

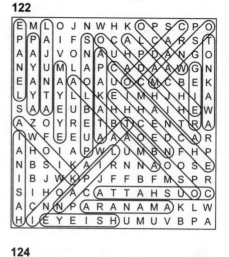

```
E M L O J N W H K O P S C P O
P P A I F S O C A L C A R S T
A A J V O N A U H P D A N G O
N Y U M L A P C A D A A W G N
E A N A A O A U O C M C B E K
L Y T Y L L K E I M H J H I A
S A A E U B A H H H A I H E W
A Z O Y R E T B T C E N T R A
I W F E E U A A A O E D C A R
A H O I A P W L U M B N F H P
N B S I K A R N N A O O S E
I B J W K P J F F B F M S P R
S I H O A C A T T A H S U O C
A C N N P A R A N A M A K L W
H I E Y E I S H U M U V B P A
```

123

```
E U S Y D N I C E M E T E R Y
R E D R E V L U B O A H E R S
T W U R Z B A C H L A F L O K
I M H S H E Z E E U Q S Y B T
M Y A V U M U E C A L A P I W
B T W H C E V Z O P B U R N S
E U K G G Z E E V L V T E H S
R R W R R N G L A Z W H M O O
G N O K G N I K L E N C O O L
M P L D A B J T L E A B G D E
L I F R O W M V T R N C B A D
J K O H G R E N R O H O L Y A
O E P A U L A I M N Z R H D
I P Z J S T Z M A N C H A C A
W W I L O O R E T I P U J E N
```

124

```
S A I U L U Y S P S N A C E P
E S T U N A E P R S E V D E G
V I T W H I T E G O L D J F Z E
I I N N U T E G O A E Z H I I
L U I Y U R S I N A H I O A L
O R A E C I R E V I T A N M Y
A F R A U F S S R N H S P R P
Y S G P Z C G A S I J S A W E
W U D D H A U Z I A A N I I
H R E Y R T L U O P C H O F C
E T E M I T N Y G H E R O O C
A I F M T L E N I W S E T M V
T C B M I E N S E W T H F R
A E Y L A E G S Z O K I S Y
R S O R G H U M G N I M R A F
```

125

```
O T O E K K R A M N E D S N A
M A J J N I G E R I A G F O I
E G Y P T V D E R W N T C S S
N R O D A V L A S L E V D N S
G Y N V T M U P T C M N E O U
L W N J U E P H O H A C Z N R
A H V N R X N A I L N S C A I
N I E L K I V O R A A H I B R
D T N Z E C G E R M A N Y E E
B Z E E Y O H F N W V K D L L
Z J Z K M T Y E E I A R N G A
A B U C E R L L D W N Y I F N
F V E N A P A J E Y I C A J D
J D L H O J T Y W V H S P P H
O M A N T E I V S H C V S I W
```

126

```
U G E Y C O M P R O M I S E M
A K L A U T I R I P S T V H I
Y R A R B I L G U R A P N S C
K S Z F O L K T A L E O A S H
T H G I E R F U O Y A B N I L
I E G N E W S P A P E R O L O
R J N C H Y K R V L L L T B I
E S U O H T G I L W K S T T I
G S T J S U I O D D A C U R I
I A I D C W R S N S C H O O L
S L E M A I L C O A C H H F O
T L Z W D A E R H Y I P G R B
E A R I O G R A N D E D J W A
R D N T G N I M R A F K N B H
S T E A M B O A T T D W C I H
```

Solutions

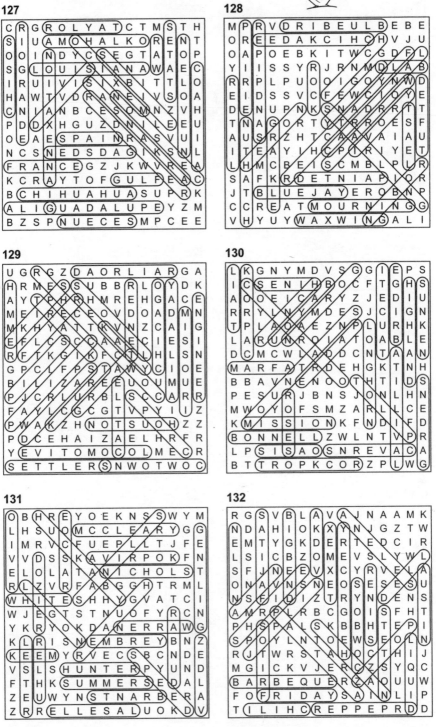

127

```
C R G R O L Y A T C T M S T H
S I U A M O H A L K O R E N T
O O I N D Y C S E G T A T O P
S G L O U I S I X B I T L O A
I R U I V I S I X B I T L O A
H A W T V D R A N E I V S O A
C N I A N B C E S O M N Z V H
P D D X H G U Z D N I E E U
O E A E S P A I N R A S V U I
N C S N E D S D A G I K S N L
F R A N C E G Z J K W V R E A
K C R A Y T O F G U L F E A C
B C H I H U A H U A S U P R K
A L I G U A D A L U P E Y Z M
B Z S P N U E C E S M P C E E
```

128

```
M P R V D R I B E U L B E B E
R E E D A K C I H C H V J U
O A P O E B K I T W C G D F L
Y I I S S Y R J R N M D L A B
R R P L P U O I G O Y N W D
E I D S S V C F E W C J O Y E
D E N U P N K S N A D R R T T
N A G O R T Y T R R O E S F U
A U S R Z H T C A A V A I A I
I T E A Y I H C P I R I Y E T
L H M C B E I S C M B L P L R
S A F K R O E T N I A P I O R
J T B L U E J A Y E R O B N P
C C R E A T M O U R N I N G G
V H Y U Y W A X W I N G A L I
```

129

```
U G R G Z D A O R L I A R G A
H R M E S S U B B R L O Y D K
A Y T P H R H M R E H G A C E
M E I R E C E O V D O A D M N
M K H Y A T T K V N Z C A I G
E F L C S C C A A E C I E S N
R F T K G I K F C T L H L S N
G P C L F P S T A W Y C I O E
B I L I Z A R E E U O U M U E
P J C R L U R B L S C C A R R
F A Y L C G C G T V P Y I I Z
P W A K Z H N O T S U O H Z Z
P D C E H A I Z A E L H R F R
Y E V I T O M O C O L M E C R
S E T T L E R S N W O T W O C
```

130

```
L K G N Y M D V S G G I E P S
I C S E N I H B O C F T G H S
A R O O E I C A R Y Z J E D I U
R T R Y L N Y M D E S J C I G N
L P L A O A E Z N P L U R H K
A R U N R O I A T O A B L A N
D C M C W L A D D C N T A N D
M A R F A T R D E H G K T N H
B B A V N E N O O T H T I D
P E S U R J B N S J O N L H
M W O Y O F S M Z A R L L C E
K M I S S I O N K F N D I F D
B O N N E L L Z W L N T V P R A
L P S I S A O S N R E V A C A
B T T R O P K C O R Z P L W G
```

131

```
O B H R E Y O E K N S S W Y M
L H S U O M C C L E A R Y G G
I M R V C F U E P L L T J F E
V D S S K A V I R P O K F N
E L O L A T A N I C H O L S T
R L Z V R F A B G G H T R M L
W H I T E S H H Y G V A T C I
W J E G T S T N U O F Y R C N
Y K R Y O K D A N E R R A W G
K L R I S N E M B R E Y B N Z
K E E M Y R V E C S B C N D E
V S L S H U N T E R P Y U N D
F T H K S U M M E R S E D A L
Z E U W Y N S T N A R B E R A
Z R R E L L E S A L U O K D V
```

132

```
R G S V B L A V A J N A A M K
N D A H I O K X Y N J G Z T W
E M T Y G K D E R T E D C I R
L S I C B Z O M E V S L Y W L
S F J N E E V X C Y R V E L A
O N A V N S N E O S E S E S U
N S F I D I Z T R Y N D E N S
A M R P L R B C G O I S F H T
P H S P A L S K B B H T E P
S P O Y L N T O F E W S E O L N
R J T W R S T A H O C T H I J
M G I C K V J E R C Z S Y Q C
B A R B E Q U E R Z A O U U W
F O F R I D A Y S A N L I P
T I L I H C R E P P E P R D D
```